Inhalt

Lernerinformation 5
Arbeitshinweise 9
Zeichen und Abkürzungen 11

1. Expressions frequently used in contributions to a discussion 14
   Häufig gebrauchte Wendungen in Diskussionsbeiträgen

2. Expressing opinion or personal reaction 20
   Meinungsäußerung oder persönliche Reaktion

3. Intensifying statements 30
   Aussageintensivierung

4. Expressing reservation 40
   Absicherung durch Einschränkung

5. Stating facts 44
   Konstatieren von Sachverhalten

6. Assessment of facts 68
   Einschätzung von Sachverhalten

7. Contrast/Opposition 74
   Gegensatz/Gegenüberstellung

8. Transition / Bridging gaps in speech 80
   Überleitung/Sprechpausenüberbrückung

4   *Inhalt*

9. Conclusion / Summing up contributions to a
discussion 84
    Abschluss / Zusammenfassung von
    Gesprächsbeiträgen

10. Miscellaneous phrases frequently used in
discussion, comment and conversation. . . . 90
    Häufig gebrauchte allgemeine Wendun-
    gen beim Diskutieren und Kommentieren
    sowie im Gespräch – ohne besondere
    Zuordnung

Formulierungen zum organisatorischen
Ablauf von Konferenzen und Sitzungen 119

Register der deutschen Übersetzungen. 125

Lernerinformationen

Diskussionswendungen

Die vorliegende Zusammenstellung von Ausdrucks-
mitteln basiert auf einer langjährigen Beobachtung
des mündlichen und schriftlichen Sprachverhaltens im
englischsprachigen Raum. Ihre Analyse führte zu
dem Ergebnis, dass Muttersprachler bei der Auseinandersetzung mit Sachverhalten, beim Diskutieren,
Argumentieren und Kommentieren, unabhängig vom
thematischen Vokabular, spontan auf Wendungen zu-
rückgreifen, die durch eine hohe Gebrauchsfrequenz
und leichte Transferierbarkeit gekennzeichnet sind.
Die Auswahl der hier unter der Bezeichnung »Diskussionswendungen« zusammengefassten Sprachmit-
tel wurde bewusst auf das Wesentliche begrenzt, um
eine nachhaltige Aneignung in kleinen Schritten zu
ermöglichen.

Auswirkung auf Sprachkompetenz

Die Arbeit mit dem hier zusammengestellten Sprachmaterial ist in zahlreichen fortgeschrittenen Lern-
gruppen und von vielen fortgeschrittenen Selbstler-
nern erprobt worden und hat gezeigt, dass bereits die
Einprägung einer begrenzten Anzahl von Diskussionswendungen im Sinnzusammenhang zur spontanen
Wiederverwendung führen und dadurch das idiomati-
sche Ausdrucksvermögen, die sprachliche Flexibilität

6   *Lernerinformationen*

und die Formulierungsgewandtheit schnell und effektiv steigern kann.

Anordnung des Sprachmaterials

Die Diskussionswendungen sind in zehn Abschnitte gegliedert und innerhalb derer alphabetisch angeordnet, wobei *to* (als Infinitivmarkierung), *s.o.* (*someone*) und *s.th.* (*something*) unberücksichtigt blieben. Die Abschnitte 1 und 10 bieten Wendungen mit einem hohen Gebrauchspotenzial (»use potential«), deren Vielfalt eine über die alphabetische Anordnung hinausgehende Zuordnung zu Einzelbereichen nicht sinnvoll erscheinen ließ. Die Abschnitte 2 bis 9 enthalten Ausdrucksmittel zu bestimmten, im Diskussionsbereich ständig auftretenden Rede- bzw. Schreibabsichten, wobei die Grenzen zwischen einzelnen Abschnitten natürlicherweise bisweilen fließend sind.

Anlage der Lerneinheiten

Jede englisch-deutsche Lerneinheit besteht aus einer vorangestellten Diskussionswendung und – sofern diese nicht bereits einen vollständigen Satz darstellt – einem Anwendungsbeispiel in der Form eines Einzelsatzes oder einer kurzen Sinneinheit. Die Satzbeispiele, denen oft Formulierungsvarianten in beiden Sprachen beigegeben sind und die zusammenhängend eingeprägt werden sollen (vgl. Arbeitshinweise), erfüllen drei Funktionen:

a) Sie demonstrieren die richtige Anwendung der jeweiligen Diskussionswendung im Satzzusammenhang.

b) Die Satzbeispiele sind so angelegt, dass sie neben der Diskussionswendung kommunikativ wichtige Wörter, Wortverbindungen und Konstruktionen aus vielen Lebensbereichen in ihrer natürlichen sprachlichen Kombinatorik enthalten, die beim Einprägen der Modellsätze automatisch mitgelernt oder reaktiviert werden und dadurch den Ausbau der Sprachkompetenz optimieren.

c) Da die Assoziation im Sinne einer sprachlichen und sinnbezogenen Verknüpfung von Einzelelementen eine zentrale Rolle bei der Einprägung, der Speicherung, dem Abruf und dem Transfer von Lernstoff spielt, wäre die Aneignung von isolierten Diskussionswendungen nicht erfolgversprechend. Dagegen gibt das lexikalisch-idiomatische Arbeiten mit Satzeinheiten Lernenden die notwendigen sprach- und inhaltsbezogenen Assoziationsmöglichkeiten sowie variable und transferierbare Formulierungsmuster an die Hand, die sie ganz, teilweise oder abgewandelt situationsadäquat einsetzen können: »The unit of language is not the word, but the sentence« (A. S. Hornby, Lexikograph).

Konferenzterminologie und Register

Der Diskussionswortschatz enthält im Anhang eine Zusammenstellung von »Formulierungen zum organisatorischen Ablauf von Konferenzen und Sitzungen«,

8   Lernerinformationen

die sich besonders für Teilnehmer(innen) an internationalen oder im englischsprachigen Ausland stattfindenden Kongressen als hilfreich erweisen dürfte.
Der Zugang zu der englischen Diskussionsphraseologie wird durch ein detailliertes Stichwortregister, das alle deutschen Entsprechungen der Diskussionswendungen erfasst, auch vom Deutschen her ermöglicht.

Adressaten

Discussing in English wendet sich
a) an alle fortgeschrittenen Lerner, die ihre Sprachkompetenz und Geläufigkeit in kleinen Dosen zielgerichtet und zügig steigern möchten:
– Lernende in der gymnasialen Oberstufe und leistungsentsprechenden Sprachkursen in anderen Institutionen;
– Studierende der Anglistik oder anderer Fachgebiete in Kombination mit Englisch (z. B. Betriebswirtschaft) an Hochschulen; desgleichen Studierende aller Fachrichtungen, die im englischsprachigen Ausland studieren möchten;
– ausländische Studierende in Deutschland, die das Englische beherrschen und auf diesem Wege ihre Deutschkenntnisse ausbauen könnten;
b) an alle Personengruppen, die politisch, wirtschaftlich, wissenschaftlich, kulturell oder anderweitig beruflich intensive englischsprachige Kontakte pflegen oder im englischsprachigen Ausland arbeiten (wollen, müssen) und daher ihr Ausdrucksvermögen gezielt

weiterentwickeln oder ihre bereits erworbene sprachliche Gewandtheit noch weiter steigern möchten. Kommentar eines Kursteilnehmers: »Das bringt was.«

Arbeitshinweise

Reihenfolge beim Lernen

Da die einzelnen Lerneinheiten unabhängig voneinander sind, ist die Reihenfolge bei der Einprägung beliebig. Es empfiehlt sich aber, bei den nach bestimmten Redeabsichten angelegten Abschnitten 2 bis 9 zunächst die Diskussionswendungen auszuwählen, die man für sich selbst als besonders hilfreich empfindet. Eine kleine Markierung am Rande der englischen und der deutschen Version erleichtert nach der Aneignung den Überblick bei späteren Wiederholungs- oder Reaktivierungsdurchgängen. In den Abschnitten 1 und 10, die verschiedenartige Wendungen ohne Zuordnung zu Redeabsichten enthalten, kann man ebenso verfahren oder einfach nach der vorgegebenen alphabetischen Abfolge lernen.

Satzzusammenhang und Sprechen beim Einprägen

Die Diskussionswendungen sollten nicht isoliert, sondern immer im Satzzusammenhang durch Einprägen des gesamten Anwendungsbeispiels gelernt werden

10   *Arbeitshinweise*

(vgl. Lernerinformationen, Anlage der Lerneinheiten). Dabei sollte man den Satz nach Möglichkeit so lange halblaut vor sich hin sprechend wiederholen, bis man ihn frei und flüssig im Zusammenhang reproduzieren kann (Förderung des Redeflusses und Erleichterung der Einprägung!). Voraussetzung für das Lernen ist, dass alle Einzelelemente des englischen Satzes klar verstanden worden sind.

Lerntempo und Festigung

Die mit *Discussing in English* ermöglichte Aneignung von Diskussionswendungen im Satzzusammenhang ist als zeitlich unaufwändiges, begleitendes Lernen über einen längeren Zeitraum hin gedacht. Es ist daher im Hinblick auf den Langzeiteffekt wesentlich günstiger, sich nach und nach jeweils einzelne oder einige Satzbeispiele einzuprägen und durch Wiederholen zu festigen, als zu viel auf einmal bewältigen zu wollen. Das schließt nicht aus, dass man sich bei der Notwendigkeit einer raschen Steigerung des Ausdrucksvermögens auch einmal ein größeres Lernpensum vornehmen kann, das man dann aber lerntechnisch am besten in der Form einer Abfolge von jeweils kurzen Lernphasen mit eingelegten Pausen und systematisch eingeplanten Wiederholungsdurchgängen gestalten sollte.
Zur langfristigen produktiven Verfügbarkeit des Gelernten bedarf es der Festigung durch Wiederholen. Dabei sollte die erste Wiederholung in den ersten Tagen nach dem Lernen erfolgen, da dadurch der Behaltenseffekt erheblich gesteigert wird.

Lernerfolgskontrolle

Die selbständige Überprüfung des Gelernten braucht nicht immer über den deutschen Satz auf der rechten Seite zu erfolgen. Man kann auch (nach gründlichem Lernen!) die Beherrschung des englischen Anwendungsbeispiels in der Weise überprüfen, dass man den Satz, außer den Satzanfang, abdeckt und ihn dann, wenn nötig noch ein wenig mehr davon aufdeckend, aus der Erinnerung zu vervollständigen versucht.

Sofern man jemanden zum Abfragen hat, kann der/die Betreffende in der gleichen Weise entweder von der deutschen Satzversion ausgehen oder den Anfang des englischen Satzes bzw. (oder zusätzlich) einen anderen Teil desselben mündlich vorgeben, mit dessen Hilfe dann der Lerner durch Assoziation meist den vollständigen Satz reproduzieren kann. Dieses assoziative Vorgehen fördert zudem in besonderem Maße die spontane, produktive Verfügbarkeit der gelernten Diskussionswendungen sowie der in den Satzbeispielen mitgelernten anderen Ausdrucksmittel.

Zeichen und Abkürzungen

(...)	Runde Klammern enthalten zusätzliches Sprachmaterial, das an die Stelle des vorausgehenden treten kann.
[...]	Eckige Klammern enthalten Wörter und Wendungen, die auch weggelassen werden können.
/	Der Schrägstrich grenzt zusätzliche Formulierungen voneinander ab.
s.o.	someone
s.th.	something
jd.	jemand
jdm.	jemandem
jdn.	jemanden
jds.	jemandes
wörtl.	wörtlich

Der Verfasser dankt Frau Lucy Capra und Frau Jenny Stilgebauer für ihre sachkundige Unterstützung bei der Realisierung des Buchprojekts.

Discussing in English

1. Expressions frequently used in contributions to a discussion

A case in point: (...) . . . .
Despite all the changes that have been going on since World War II, the Englishman remains very class-conscious. A case in point: last summer (...)

to bring up the question of (...) . . . .
The UN Secretary-General then brought up the question of poverty in the Third World.

to call (to draw) s.o.'s attention to s.th. (to the fact that) . . . .
I would like to call (to draw) your attention to a point you have overlooked.

to enter into a discussion about s.th. . . . .
He was not willing to enter into a discussion about that.

to fall into s.th. . . . .
Publications of this type fall into different categories.

1. Häufig gebrauchte Wendungen in Diskussionsbeiträgen

Ein typisches Beispiel: …

Trotz aller Veränderungen, die seit dem Zweiten Weltkrieg vor sich gegangen sind, ist der Engländer weiterhin (*wörtl.: bleibt der Engländer*) sehr klassenbewusst. Ein typisches Beispiel: Letzten Sommer (…)

das Problem des/der … zur Sprache bringen

Dann brachte der Generalsekretär der Vereinten Nationen das Problem der Armut in der Dritten Welt zur Sprache.

jdn. aufmerksam machen auf etwas (auf die Tatsache, dass) / jds. Aufmerksamkeit lenken auf etwas (auf die Tatsache, dass)

Ich möchte dich (Sie) auf einen Punkt (eine Frage) aufmerksam machen, den (die) du übersehen hast (Sie übersehen haben).

eine Diskussion anfangen über etwas (sich auf eine Diskussion einlassen über etwas)

Er war nicht bereit, sich auf eine Diskussion darüber einzulassen.

sich gliedern in etwas

Publikationen (Veröffentlichungen) dieser Art gliedern sich in verschiedene Kategorien (Gruppen).

16 *Expressions frequently used*

First of all, a word on (...) . . . .
First of all, a word on the immediate political back-
ground of the debate.

to give (to present) a general view of s.th. . . . .
First I would like to give (to present) a general
view of the situation.

to go a step further . . . .
So much for the working conditions. Now let us go
a step further.

It looks rather like this: (...) . . . .

to leave s.th. aside . . . .
I suggest leaving this question aside for the mo-
ment.

to make (to raise) an objection [to s.th.] . . . .
I must make (raise) an objection here.

Now for the next question. . . . .

to outline s.th. . . . .
Could you outline the main points of your paper,
please?

a problem (question) arises . . . .
In the course of the discussion the question arose
how best to utilize (utilise) the information.

Als Erstes (Zuerst [einmal]) ein Wort (eine Bemerkung) zu ...
Als erstes (Zuerst [einmal]) ein Wort (eine Bemerkung) zum unmittelbaren politischen Hintergrund der Debatte.

einen allgemeinen Überblick geben über etwas
Zuerst möchte ich einen allgemeinen Überblick über die Situation (Lage) geben.

einen Schritt weiter gehen
So viel zu den Arbeitsbedingungen. Gehen wir jetzt [einmal] einen Schritt weiter.

Es sieht etwa so (folgendermaßen) aus: ...

etwas beiseite lassen (ausklammern)
Ich schlage vor, diese Frage vorübergehend (zunächst einmal) beiseite zu lassen (auszuklammern).

einen Einwand erheben [gegen etwas]
Ich muss hier einen Einwand erheben.

Nun zur nächsten Frage.

etwas kurz umreißen (etwas skizzieren)
Könntest du (Könnten Sie) die Hauptpunkte deines (Ihres) Referats (Vortrags) bitte kurz umreißen?

ein Problem (eine Frage) taucht auf (erhebt sich)
Im Verlauf (Während) der Diskussion erhob sich die Frage, wie man die Information(en) am besten nutzen (verwerten) könnte.

18   *Expressions frequently used*

to put forward an argument . . . .
The argument [that] Mr(.) Hill has put forward is
not convincing.

to raise a problem (question) [of s.o./s.th.] . . . . . .
Mr(.) Jenkins has just raised the serious problem
(question) of young drug addicts.

s.th. should not go without comment . . . .
Peter's remarks should not go without comment.

The case is this: (...) . . . .

To begin with, (...) (To start with, ...) . . . .
It is practically impossible to clear up the case. To
begin with, the police have only very few facts to go
upon.

**To come back to what was said in the beginning (a
few moments ago), (...)** . . . .

to treat a problem (a question) in [some] detail . . .
We should treat this problem (question) in [some]
detail.

Häufig gebrauchte Wendungen 19

ein Argument vorbringen
Das Argument, das Herr Hill vorgebracht hat, ist nicht überzeugend.

ein Problem (eine Frage) [des/der ...] ansprechen (zur Sprache bringen)
Herr Jenkins hat eben (gerade) das ernste Problem (die ernste Frage) junger Rauschgiftsüchtiger angesprochen.

etwas sollte nicht kommentarlos (ohne Kommentar) hingenommen werden
Peters Bemerkungen (Äußerungen) sollten nicht kommentarlos hingenommen werden.

Die Sache ist die: ... / Der Fall liegt so: ...

Zunächst einmal (Erstens) ...
Es ist praktisch unmöglich, den Fall aufzuklären. Zunächst einmal (Erstens) hat die Polizei nur sehr wenige Fakten, an die sie sich halten kann (die sie als Anhaltspunkte verwenden kann).

Um [noch einmal] zurückzukommen auf das, was am Anfang (vorhin) gesagt wurde, ...

ein Problem (eine Frage) [ziemlich] ausführlich behandeln
Wir sollten dieses Problem (diese Frage) [ziemlich] ausführlich behandeln.

2. Expressing opinion or personal reaction

to agree with s.o. . . . .
I quite agree with Mr(.) Johnson.

an attitude to (towards, toward) s.th. . . . .
What is your attitude to (towards, toward) capital punishment?

to be convinced that . . . .
I am quite convinced that this film will be a sweeping success.

to be divided on s.th. . . . .
The ministers are divided on the subject.

to be [entirely] of s.o.'s opinion . . . .
I am [entirely] of your (of the author's) opinion.

to be of the opinion that . . . .
I am of the opinion that depression does not generally come out of the blue.

to be prejudiced against s.o. . . . .
He seems to be prejudiced against foreigners.

2. Meinungsäußerung oder persönliche Reaktion

der gleichen Ansicht (Meinung) sein wie jd.
Ich bin genau der gleichen Ansicht (Meinung) wie Herr Johnson.

eine Einstellung gegenüber etwas
Was ist deine (Ihre) Einstellung gegenüber der Todesstrafe?

davon überzeugt sein, dass
Ich bin fest davon überzeugt, dass dieser Film ein durchschlagender Erfolg [sein] wird.

geteilter Meinung sein in etwas
Die Minister sind geteilter Meinung in der Sache (Angelegenheit).

[völlig / ganz und gar] jds. Meinung sein
Ich bin [völlig / ganz und gar] deiner (Ihrer) Meinung (der Meinung des Autors).

der Meinung sein, dass
Ich bin der Meinung, dass eine Depression im Allgemeinen nicht [einfach so] [wie ein Blitz] aus heiterem Himmel (= völlig unerwartet) kommt.

voreingenommen sein gegenüber jdm.
Er scheint Ausländern gegenüber voreingenommen zu sein.

22   *Expressing opinion or personal reaction*

to be under the impression that . . . .
I am under the impression that he is afraid to take the risk.

to find s.th. [to be] fair (good, bad, etc.) . . . .
I find his analysis of the steel industry's problems [to be] fair and reasonable.

For my (your, his, etc.) part, I (you, he, etc.) (...)
For my part, I do not see any possibility of solving the problem in the near future.

Frankly, (...) (To tell the truth, ...) . . . .
Frankly, what you suggest (are suggesting) is sheer madness.

I cannot make any sense of what (make out what) the author (Frank, Nancy, etc.) is saying. . . . .

I do not know what to make of this [attitude, reaction, etc.]. . . . .

I must admit that (...) . . . .
I must admit that difficulties can arise for the average taxpayer.

Meinungsäußerung oder persönliche Reaktion 23

den Eindruck haben, dass
Ich habe den Eindruck, dass er Angst hat (sich scheut), das Risiko einzugehen.

etwas fair (gut, schlecht, usw.) finden
Ich finde seine Analyse (Darlegung, Untersuchung) der Probleme in der Stahlindustrie fair und vernünftig.

Ich für meinen Teil (Du für deinen Teil, Er für seinen Teil, usw.) ...
Ich für meinen Teil sehe keine Möglichkeit, das Problem in der nahen Zukunft (in absehbarer Zeit) zu lösen.

Offen gestanden (gesagt), ... (Um die Wahrheit zu sagen / Ehrlich gesagt, ...)
Offen gestanden (gesagt), was du da vorschlägst (Sie da vorschlagen), ist heller Wahnsinn.

Ich werde nicht daraus klug/schlau (Ich verstehe nicht), was der Autor (Frank, Nancy, usw.) meint (sagen will).

Ich weiß nicht, was ich davon (von dieser Einstellung, Reaktion, usw.) halten soll.

Ich muss zugeben, dass ...
Ich muss zugeben, dass sich Schwierigkeiten für den normalen (*wörtl.: durchschnittlichen*) Steuerzahler [daraus] ergeben können.

24   *Expressing opinion or personal reaction*

If I were you, I would do s.th. . . . .
If I were you, I would give up drinking.

in my experience . . . .
In my experience the Englishman is still very class-conscious, as opposed to the German, for example.

in my opinion (in my view / to my mind) . . . .
In my opinion (In my view / To my mind) these counter-arguments are not at all convincing.

s.o. (s.th.) is [not] likely to do s.th. (to be s.th.) . . . .
(1) This policy is likely to pay handsomely.
(2) The answer is likely to be pretty depressing.

It is all the same to me what (where, when, etc.) (...)
It is all the same to me what people say.

It is [high] time s.o. did s.th. (s.th. was done). . . . . .
It is [high] time they did away with racial discrimination and intolerance in their country.

Meinungsäußerung oder persönliche Reaktion 25

Wenn ich du (Sie) wäre, würde ich etwas tun. / Ich an deiner (Ihrer) Stelle würde etwas tun.

Wenn ich du (Sie) wäre, würde ich das Trinken aufgeben (mit dem Trinken aufhören).

nach meinen Erfahrungen (meiner Erfahrung)

Nach meinen Erfahrungen ist der Engländer immer noch (nach wie vor) sehr klassenbewusst, im Gegensatz etwa (zum Beispiel) zum Deutschen.

nach meiner Ansicht (Meinung) / meiner Ansicht (Meinung) nach

Nach meiner Ansicht (Meinung) sind diese Gegenargumente keineswegs (überhaupt nicht) überzeugend.

jd. (etwas) wird wahrscheinlich [nicht] etwas tun (etwas sein)

(1) Diese Politik (Taktik) wird sich wahrscheinlich ganz hübsch (schön) bezahlt machen.
(2) Die Antwort wird wahrscheinlich ziemlich deprimierend sein.

Es ist mir ganz gleich (egal), was (wo, wann, usw.) ...

Es ist mir ganz gleich (egal), was die Leute sagen.

Es ist [höchste] Zeit, dass jd. etwas tut (dass etwas getan wird).

Es ist [höchste] Zeit, dass sie die Rassendiskriminierung und Intoleranz in ihrem Land beseitigen.

26   *Expressing opinion or personal reaction*

to make it clear [to s.o.] that . . . .
I would like to make it clear to you [from the start]
that I am not prejudiced against anyone.

Personally I (...) . . . .
Personally I believe [that] every human being has
the right to equality of opportunity.

to set great store by s.th. . . . .
She sets great store by good manners.

to share an opinion (a view) . . . .
It is hard to believe [that] many people share that
opinion (view).

to shrug s.th. off . . . .
You cannot [simply] shrug off such a problem.

to speak one's mind [freely] . . . .
In totalitarian regimes the man in the street is generally afraid to speak his mind [freely].

Meinungsäußerung oder persönliche Reaktion　27

[jdm.] klipp und klar sagen, dass (unmissverständlich feststellen, dass)
Ich möchte dir (Ihnen) [von vornherein] klipp und klar sagen (Ich möchte unmissverständlich feststellen), dass ich gegenüber niemandem voreingenommen bin.

Ich persönlich …
Ich persönlich glaube, dass jeder Mensch das Recht auf Chancengleichheit hat.

großen Wert legen auf etwas
Sie legt großen Wert auf gute Umgangsformen.

eine Ansicht (Meinung) teilen
Es ist kaum anzunehmen (*wörtl.: schwer zu glauben*), dass viele Leute diese Ansicht (Meinung) teilen.

etwas einfach so abtun (etwas mit einem Achselzucken abtun)
Man kann so (solch) ein Problem nicht einfach so abtun (nicht einfach mit einem Achselzucken abtun).

offen seine Meinung sagen (frei seine Meinung äußern)
In totalitären Regimen hat der Mann auf der Straße (der Durchschnittsbürger) meist Angst, offen seine Meinung zu sagen (frei seine Meinung zu äußern).

28 *Expressing opinion or personal reaction*

to stick to one's opinion . . . .
I have done my best to convince her, but she sticks to her opinion.

That is a matter of opinion. . . . .

There is no sense in doing s.th. . . . .
There is no sense in going on strike.

Meinungsäußerung oder persönliche Reaktion 29

bei seiner Ansicht (Meinung) bleiben / auf seiner Ansicht (Meinung) beharren
  Ich habe mein Bestes getan (Ich habe alles versucht), sie zu überzeugen, aber sie bleibt bei ihrer Meinung.

Das ist Ansichtssache.

Es hat keinen Sinn (Zweck), etwas zu tun.
  Es hat keinen Sinn (Zweck) zu streiken.

3. Intensifying statements

Above all, (...) . . . .
Above all, the Government must take steps right away to prevent a famine.

[And] what is more, (...) . . . .
Noise is one of the most unpleasant features of modern life. [And] what is more, it contributes to stress.

to be all the more interesting (astonishing, etc.) as . .
This is all the more interesting as productivity has been steadily falling in the last few years.

to be at stake . . . .
The whole future of the party is at stake.

to be far from universal . . . .
Unfortunately this practice is far from universal.

to be on a collision course with s.o. . . . .
The TUC is on a collision course with the CBI. (TUC: Trades Union Congress; CBI: Confederation of British Industry)

to be worth pointing out . . . .
It is worth pointing out that each car was tested by six professional testers.

3. Aussageintensivierung

Vor allem ...
   Vor allem muss die Regierung unverzüglich (sofort) Schritte unternehmen, um eine Hungersnot zu verhindern.

[Und] was noch wichtiger ist, ...
   Lärm ist eins der unangenehmsten (unerfreulichsten) Merkmale des modernen Lebens. [Und] was noch wichtiger ist, er trägt [seinen Teil] zum Stress bei.

umso interessanter (erstaunlicher, usw.) sein, als
   Das ist umso interessanter, als die Produktivität in den letzten Jahren ständig gefallen ist.

auf dem Spiel stehen
   Die ganze Zukunft der Partei steht auf dem Spiel.

alles andere als (keineswegs) allgemein üblich sein
   Leider ist diese Verfahrensweise alles andere als (keineswegs) allgemein üblich.

auf Kollisionskurs mit jdm. sein (= eine Auseinandersetzung mit jdm. anstreben)
   Der [britische] Gewerkschaftsbund ist auf Kollisionskurs mit dem [britischen] Arbeitgeberverband.

sich lohnen, darauf hinzuweisen
   Es lohnt sich, darauf hinzuweisen, dass jeder Wagen von sechs berufsmäßigen Testern geprüft worden ist.

32   *Intensifying statements*

by no means . . . .
This is by no means uncommon.

expressly . . . .
He expressly refused to take any responsibility for
the consequences of these measures.

Far from it. . . . .
You seem to think that the chances of reaching an
agreement before the deadline are slim. Far from it.

to hit the nail [right] on the head . . . .
She has hit the nail [right] on the head [in saying
that he is a crook].

However well (badly, quickly, etc.) s.o. does s.th., (...)
However hard they worked, the volunteers could
not help as much as they would have liked to.

I have not the faintest idea [what, where, when ...].
I have not the faintest idea [who you are talking
about].

Irrespective of which side one takes, (...) . . . .
Irrespective of which side one takes, there is agreement on the need for immediate negotiations.

Aussageintensivierung 33

keineswegs
Das ist keineswegs ungewöhnlich.

ausdrücklich
Er lehnte es ausdrücklich ab, irgendeine Verant-
wortung für die Folgen dieser Maßnahmen zu über-
nehmen.

Weit gefehlt. / Keineswegs. / Ganz und gar nicht.
Du scheinst (Sie scheinen) zu glauben, dass die
Aussichten, eine Einigung vor dem Stichtag zu er-
zielen, gering sind. Weit gefehlt.

den Nagel auf den Kopf treffen
Sie hat den Nagel auf den Kopf getroffen [mit ihrer
Bemerkung, dass er ein Betrüger (Schwindler) sei].

So gut (schlecht, schnell, usw.) jd. etwas auch macht, ...
So hart (schwer) die Freiwilligen (die freiwilligen
Helfer) auch arbeiteten, sie konnten nicht so viel
helfen, wie sie es gern getan hätten.

**Ich habe nicht die geringste (leiseste) Ahnung [was,
wo, wann ...].**
Ich habe nicht die geringste (leiseste) Ahnung [von
wem du sprichst (Sie sprechen)].

**Unabhängig davon, wessen Partei man ergreift (auf
wessen Seite man steht), ...**
Unabhängig davon, auf wessen Seite man steht, ist
man sich darin einig, dass sofortige Verhandlungen
notwendig sind.

34   *Intensifying statements*

s.o. is three (four, five, etc.) times more likely to do s.th. than . . . .
Smokers are ten times more likely to develop lung cancer than non-smokers.

to leave much (a lot) to be desired . . . .
The quality of the photos leaves much (a lot) to be desired.

to leave no stone unturned to do s.th. . . . .
The police have left no stone unturned to clear up the case.

like a red rag to a bull . . . .
For the Socialists the report is clearly like a red rag to a bull.

to make a mountain out of a molehill . . . .
I think you are making a mountain out of a mole-hill.

no matter how (where, when, etc.) . . . .
No matter how rough the surface is (may be), the ride in this Citroën will be perfectly smooth at all times.

Aussageintensivierung 35

bei jdm. ist die Wahrscheinlichkeit, dass er etwas tut, dreimal (viermal, fünfmal, usw.) so groß wie

Bei Rauchern ist die Wahrscheinlichkeit, dass sie Lungenkrebs bekommen, zehnmal so groß wie bei Nichtrauchern.

sehr zu wünschen übrig lassen

Die Qualität der Fotos lässt sehr zu wünschen übrig.

nichts unversucht lassen, um etwas zu tun

Die Polizei hat nichts unversucht gelassen, um den Fall aufzuklären.

wie ein rotes Tuch

Für die Sozialisten ist der Bericht (Auf die Sozialisten wirkt der Bericht) offensichtlich (zweifellos) wie ein rotes Tuch.

aus einer Mücke einen Elefanten machen

Ich glaube, du machst (Sie machen) [hier] aus einer Mücke einen Elefanten.

egal / ganz gleich wie (wo, wann, usw.) / wie (wo, wann, usw.) ... auch [immer]

Egal wie uneben der Straßenbelag ist (sein mag) / Wie uneben der Straßenbelag auch [immer] ist (sein mag), in diesem Citroën fahren Sie immer völlig ruhig (*wörtl.: die Fahrt in diesem Citroën wird immer völlig ruhig sein*).

36   *Intensifying statements*

to point out that . . . .
I would like to point out that we have had extensive talks with the managing director of the chemical plant.

to put s.th. in the shade (US: to overshadow s.th.)
The new TV serial (US: series) will probably put all other serials in the shade (US: will probably overshadow all other series).

to reach a peak . . . .
Attempts on the lives of government officials have reached a new peak in the last few weeks.

to seize upon s.th. and blow it up into a major issue
Every disagreement within the Government is seized upon by the Opposition and blown up into a major issue.

to speak volumes . . . .
The fact that he does not even greet his neighbours (US: neighbors) speaks volumes.

to strike s.o. [as particularly interesting] that . . . . .
It strikes me [as particularly interesting] that he uses the same arguments over and over again.

Take [, for example,] s.o./s.th. . . . .
Take [, for example,] the kind of person who is the butt of everyone's practical jokes in a workshop.

Aussageintensivierung 37

darauf hinweisen (darauf aufmerksam machen), dass
Ich möchte darauf hinweisen (darauf aufmerksam machen), dass wir eingehende Gespräche mit dem Generaldirektor des Chemiewerks geführt haben.

etwas in den Schatten stellen (= übertreffen)
Die neue Fernsehserie wird wahrscheinlich alle anderen [Serien] in den Schatten stellen.

einen Höhepunkt erreichen
Attentate (Mordanschläge) auf höhere Regierungsbeamte haben in den letzten Wochen einen neuen Höhepunkt erreicht.

etwas begierig aufgreifen und zu einem größeren Problem aufbauschen
Jede Meinungsverschiedenheit innerhalb der Regierung wird von der Opposition begierig aufgegriffen und zu einem größeren Problem aufgebauscht.

Bände sprechen (= viele Schlussfolgerungen zulassen)
Die Tatsache, dass er nicht einmal seine Nachbarn grüßt, spricht Bände.

jdm. [als besonders interessant] auffallen, dass
Es fällt mir [als besonders interessant] auf, dass er immer wieder die gleichen Argumente verwendet.

Nehmen wir (Nehmen Sie / Nimm) einmal als Beispiel jdn./etwas
Nehmen wir (Nehmen Sie / Nimm) einmal als Beispiel so einen Menschen, der jedem als Zielscheibe (Opfer) für Streiche in einer Werkstatt dient.

38   *Intensifying statements*

to take the line (US: the path) of least resistance
   He always tries to take the line (US: the path) of
   least resistance.

That is for me (you, him, etc.) to decide. . . . .

That is out of the question. . . . .

a wide gulf between s.th. . . . .
   There was a wide gulf between the outlook on life
   of the middle class and that of the working class.

You can take my word for it. . . . .

Aussageintensivierung 39

den Weg des geringsten Widerstandes gehen
Er versucht immer, den Weg des geringsten Widerstandes zu gehen.

Das muss ich (musst du, muss er, usw.) entscheiden.

Das kommt nicht in Frage.

eine tiefe Kluft zwischen etwas
Es bestand eine tiefe Kluft zwischen der Lebensauffassung (Lebensanschauung) der Mittelschicht und der der Arbeiterschicht.

Du kannst (Sie können) es mir glauben.

4. Expressing reservation

as a rule . . . .
As a rule, the tunnels are examined every two weeks.

As far as I am concerned, (...) . . . .
As far as I am concerned, I really cannot understand what all the fuss is about.

As far as I know, (...) . . . .
As far as I know, you must always state clearly what the material is intended for.

to get the impression that . . . .
I got the impression that she had great difficulty in following me.

I would [even] go so far as to say that (...) . . . . . .
I would [even] go so far as to say that she is not in the least responsible for what has happened.

..., if I am not mistaken . . . .
The new law comes into effect in two months, if I am not mistaken.

..., if I remember rightly (correctly) . . . .
The meeting is to take place next Friday, if I remember rightly (correctly).

4. Absicherung durch Einschränkung

in der Regel (normalerweise)
In der Regel (Normalerweise) werden die Tunnel alle zwei Wochen (alle vierzehn Tage) überprüft.

Was mich betrifft (angeht/anbelangt), ...
Was mich betrifft (angeht/anbelangt), kann ich wirklich (beim besten Willen) nicht verstehen, was das ganze Getue soll.

Soviel ich weiß, ...
Soviel ich weiß, muss man immer genau angeben, wofür das Material bestimmt (vorgesehen) ist.

den Eindruck gewinnen, dass
Ich gewann den Eindruck, dass sie große Mühe hatte, mir zu folgen (= mich zu verstehen).

Ich würde [sogar] so weit gehen zu sagen, dass ...
Ich würde [sogar] so weit gehen zu sagen, dass sie nicht im Geringsten für das verantwortlich ist, was geschehen ist.

..., wenn ich mich nicht irre
Das neue Gesetz tritt in zwei Monaten in Kraft, wenn ich mich nicht irre.

..., wenn ich mich recht entsinne
Die Versammlung (Sitzung/Konferenz) soll nächsten Freitag stattfinden, wenn ich mich recht entsinne.

42   *Expressing reservation*

in a way (in a sense) . . . .
He is right, in a way (in a sense).

..., it is true, but . . . .
I have travelled (US: traveled) widely, it is true, but
there are quite a few countries I have not yet been
to.

on the whole . . . .
On the whole, the strike does not affect us very
much.

so to speak (as it were) . . . .
I am here on a matter of business, so to speak (as it
were).

That remains to be proved. . . . .

to some extent / to a large extent
I agree to some extent (to a large extent) with what
Mark has said.

Absicherung durch Einschränkung 43

in gewisser Hinsicht (in gewissem Sinne)

In gewisser Hinsicht (In gewissem Sinne) hat er [ja] Recht.

zwar …, aber

Ich bin zwar weit gereist, aber es gibt [doch noch] ziemlich viele (eine ganze Menge) Länder, in denen ich noch nicht gewesen bin.

im Großen und Ganzen (im Ganzen gesehen / alles in allem)

Im Ganzen gesehen merken wir nicht viel von dem Streik (*wörtl.: wirkt sich der Streik nicht sehr auf uns aus*).

sozusagen

Ich bin sozusagen geschäftlich (in einer geschäftlichen Angelegenheit) hier.

Das wäre erst noch zu beweisen.

bis zu einem gewissen Grade / weitgehend

Ich stimme Marks Worten (Ausführungen) (*wörtl.: dem, was Mark gesagt hat*) bis zu einem gewissen Grade (weitgehend) zu.

5. Stating facts

All that belongs to the past. . . . .

to apply to s.o. (s.th.) . . . .
(1) The new regulations apply to all members of
the club.
(2) This rule does not apply to all schools.

as is often the case . . . .
Though the two scientists did not want any public-
ity, the newspapers, as is often the case, began to
publicize (publicise) their discovery.

..., as the saying goes. . . . .
"The exception proves the rule," as the saying goes.

to be concerned with s.th. . . . .
The author is mostly concerned with social problems.

to be in keeping with s.th. . . . .
That is not in keeping with what he always says.

5. Konstatieren von Sachverhalten

Das alles gehört der Vergangenheit an (ist nicht mehr aktuell).

gelten für jdn. (etwas) (sich beziehen auf jdn./etwas)
(1) Die neuen Bestimmungen gelten für alle Mitglieder des Klubs (Vereins).
(2) Diese Regel gilt nicht für (bezieht sich nicht auf) alle Schulen.

wie es oft der Fall ist (wie es oft vorkommt)
Obwohl die beiden Wissenschaftler keine Publicity (kein Aufsehen in der Öffentlichkeit) wollten, fingen die Zeitungen, wie es oft der Fall ist (wie es oft vorkommt), an, ihre Entdeckung groß herauszubringen.

..., wie man sagt (..., wie es heißt)
»Die Ausnahme bestätigt die Regel«, wie man sagt (wie es heißt).

sich mit etwas befassen (beschäftigen)
Der Autor (Verfasser) befasst sich in der Hauptsache (beschäftigt sich hauptsächlich) mit sozialen (gesellschaftlichen) Problemen.

im Einklang stehen mit etwas (einer Sache entsprechen)
Das steht nicht im Einklang mit (entspricht nicht) dem, was er [sonst] immer sagt.

46   *Stating facts*

to be in s.o.'s line . . . .
This sort of thing is not in my line.

to be in line with s.th. . . . .
That is not in line with his conception of life at all.

to be inconsistent for s.o. to do s.th. . . . .
It is inconsistent for journalists to demand more information from the Government while withholding information about the press.

to be [largely] due to s.th. . . . .
These difficulties are [largely] due to two factors.

to be on the increase (on the decrease) . . . .
Riding schools are on the increase (on the decrease).

to be under discussion . . . .
This problem is still under discussion.

to become increasingly difficult to do s.th. . . . . . .
It is becoming increasingly difficult to tell one small car from another.

s.o. cannot afford to do s.th. . . . .
He cannot afford to buy a new car every three years.

Konstatieren von Sachverhalten 47

in jds. Fachgebiet fallen
So etwas fällt nicht in mein Fachgebiet.

übereinstimmen mit etwas (einer Sache entsprechen)
Das stimmt überhaupt nicht mit seiner Lebensauffassung überein (entspricht überhaupt nicht seiner Lebensauffassung).

inkonsequent sein, wenn jd. etwas tut
Es ist inkonsequent, wenn Journalisten mehr Information(en) von der Regierung fordern (verlangen), während sie [selbst/ihrerseits] Informationen über die Presse zurückhalten.

[im Wesentlichen] zurückzuführen sein auf
Diese Schwierigkeiten sind [im Wesentlichen] auf zwei Faktoren zurückzuführen.

zunehmen / immer mehr geben (abnehmen / immer weniger geben)
Es gibt immer mehr (immer weniger) Reitschulen.

in der Diskussion sein (erörtert werden)
Dieses Problem ist immer noch in der Diskussion (wird immer noch erörtert).

immer schwerer werden, etwas zu tun
Es wird immer schwerer, einen kleinen Wagentyp vom anderen zu unterscheiden.

jd. kann es sich nicht leisten, etwas zu tun
Er kann es sich nicht leisten, alle drei Jahre ein neues Auto zu kaufen.

48   *Stating facts*

to come into effect (force) (US: effect) . . . .
The changes are to come into effect (force) this year.

to gain ground (to lose ground) . . . .
Japanese products are gaining ground nearly everywhere.

Generally speaking, (...) . . . .
Generally speaking, strikes are justified in such a situation. But this is a special case.

to give rise to s.th. . . . .
His intention to sell the factory and live abroad has given rise to a lot of rumours (US: rumors).

s.th. gives you an insight into the mentality of s.o.
Travelling (US: Traveling) gives you an insight into the mentality of people in other countries.

to go from bad to worse . . . .
The economic situation in our country is going from bad to worse.

to have a say in s.th. . . . .
Employees have a direct say in decisions affecting their conditions of employment.

Konstatieren von Sachverhalten 49

in Kraft treten
Die Änderungen sollen dieses Jahr in Kraft treten.

an Boden gewinnen (an Boden verlieren)
Japanische Produkte (Erzeugnisse) gewinnen fast überall an Boden.

Allgemein gesehen (betrachtet) …
Allgemein gesehen (betrachtet) sind Streiks in einer solchen Situation berechtigt (gerechtfertigt). Aber das [hier] ist ein besonderer Fall (ein Sonderfall).

Anlass geben zu etwas (führen zu etwas)
Seine Absicht, die Fabrik zu verkaufen und im Ausland zu leben, hat Anlass zu zahlreichen Gerüchten gegeben.

etwas gibt einem einen Einblick in die Mentalität von jdm.
Reisen gibt einem einen Einblick in die Mentalität von Menschen in anderen Ländern.

immer schlechter werden
Die Wirtschaftslage in unserem Land wird immer schlechter.

ein Mitspracherecht haben bei etwas
Die Arbeitnehmer (Angestellten) haben ein direktes Mitspracherecht bei Entscheidungen, die ihre Arbeitsbedingungen betreffen.

50   *Stating facts*

to have gone [virtually] unnoticed so far . . . .
There is another important aspect which has gone
[virtually] unnoticed so far.

to have great (some/no) difficulty [in] doing s.th. . . .
She has great (some/no) difficulty [in] making herself understood.

to have [harmful, dangerous, etc.] side effects . . . .
He is not the only person to point out that the Pill
has harmful side effects.

to have no option but to do s.th. . . . .
He had no option but to quit his job.

to increase by s.th. / to decrease by s.th. . . . .
The number of accidents has increased (decreased)
by about a third in the last few months.

**to involve great expense (hard work, great difficulties,
etc.)** . . . .
The social reforms will involve great expense (hard
work / great difficulties).

Konstatieren von Sachverhalten 51

bisher (bislang / bis jetzt) [praktisch] unbeachtet geblieben sein (nicht beachtet worden sein)
Es gibt [da] noch einen anderen wichtigen Aspekt, der bisher [praktisch] unbeachtet geblieben ist (nicht beachtet worden ist).

große (einige/keine) Mühe haben, etwas zu tun / jdm. sehr (etwas/nicht) schwer fallen, etwas zu tun
Sie hat große (einige/keine) Mühe / Es fällt ihr sehr (etwas/nicht) schwer, sich verständlich zu machen.

[schädliche, gefährliche, usw.] Nebenwirkungen haben (Begleiterscheinungen mit sich bringen)
Er ist nicht der Einzige, der darauf hinweist, dass die Pille schädliche Nebenwirkungen hat.

keine andere Wahl haben, als etwas zu tun (etwas tun müssen)
Er hatte keine andere Wahl, als seine Arbeit (Stelle) aufzugeben. (Er musste seine Arbeit (Stelle) aufgeben.)

zunehmen um etwas / abnehmen um etwas
Die Zahl der Unfälle hat in den letzten Monaten um etwa (ungefähr) ein Drittel zugenommen (abgenommen).

hohe Kosten (harte Arbeit, große Schwierigkeiten, usw.) mit sich bringen / mit hohen Kosten (harter Arbeit, großen Schwierigkeiten, usw.) verbunden sein
Die sozialen Reformen werden hohe Kosten (harte Arbeit / große Schwierigkeiten) mit sich bringen / mit hohen Kosten (…) verbunden sein.

52   *Stating facts*

s.o. is allowed (permitted) great (a certain) latitude in s.th. . . . .
Even a soldier is allowed (permitted) a certain latitude in his decisions.

It goes without saying that (...) (That goes without saying.) . . . .
It goes without saying that it is very difficult to lay down a general rule.

It is an accepted fact (truth) that (...) . . . .
It is an accepted fact (truth) that smoking is dangerous to your health.

It is in the nature of things that (...) . . . .
It is in the nature of things that some old people need caring for in nursing homes.

it is no use doing s.th. (there is no point in doing s.th.) . . . .
It is no use trying to convince him. (There is no point in trying to convince him.)

It is safe to say that (...) . . . .
It is safe to say that you face an exciting future.

jdm. wird ein großer (ein gewisser) Spielraum bei etwas gewährt (zugebilligt)

Selbst (Sogar) einem Soldaten wird ein gewisser Spielraum bei seinen Entscheidungen gewährt (zugebilligt).

Es versteht sich von selbst, dass ... (Das versteht sich von selbst.)

Es versteht sich von selbst, dass es sehr schwierig ist, eine allgemeine Regel festzulegen (vorzuschreiben).

Es ist eine allgemein anerkannte Tatsache, dass ...

Es ist eine allgemein anerkannte Tatsache, dass Rauchen gefährlich für die Gesundheit ist.

Es liegt in der Natur der Dinge, dass ...

Es liegt in der Natur der Dinge, dass manche alten Leute Pflege in Pflegeheimen brauchen (benötigen).

es hat keinen Zweck (es ist sinnlos), etwas zu tun

Es hat keinen Zweck (Es ist sinnlos) zu versuchen, ihn zu überzeugen.

Man kann mit Sicherheit sagen, dass ...

Man kann mit Sicherheit sagen, dass du (Sie) einer aufregenden Zukunft entgegengehst (entgegengehen) (..., dass dir/Ihnen eine aufregende Zukunft bevorsteht).

54   *Stating facts*

it takes s.o. to do. s.th. . . . .
It takes an expert to forecast changes in the climate.

s.o. lacks the experience to do s.th. . . . .
He lacks the experience to analyse (US: analyze) the unemployment problem in this area.

to lie within s.o.'s reach (within the reach of s.o.) . . .
Better health lies within the reach of every individual.

to lose contact with s.o. . . . .
She seems to have lost contact with her family.

to lose sight of what really matters . . . .
He never loses sight of what really matters.

to make sense . . . .
This passage does not make [any] sense.

to miss the point . . . .
This argument misses the point.

one person in three (four, five, etc.) . . . .
Only one refugee in five has left his country for economic reasons.

Konstatieren von Sachverhalten 55

es erfordert jdn. (es bedarf jds.), etwas zu tun
Es erfordert einen Fachmann/Experten (Es bedarf eines Fachmanns/Experten), um Veränderungen im Klima vorauszusagen (vorherzusehen).

es fehlt jdm. an der [notwendigen] Erfahrung, etwas zu tun
Es fehlt ihm an der [notwendigen] Erfahrung, das Problem der Arbeitslosigkeit in diesem Gebiet (dieser Gegend) zu analysieren.

für jdn. erreichbar (im Bereich des Möglichen) sein
Eine bessere Gesundheit ist für jeden [Einzelnen] erreichbar.

den Kontakt verlieren mit (zu) jdm.
Sie scheint den Kontakt mit ihrer Familie verloren zu haben.

das Wesentliche (*wörtl.: das, was wirklich wichtig ist*)
aus den Augen verlieren
Er verliert nie das Wesentliche aus den Augen.

Sinn geben (ergeben)
Diese Stelle (Textstelle) gibt (ergibt) keinen Sinn.

an der Sache vorbeigehen
Dieses Argument geht an der Sache vorbei.

jeder dritte (vierte, fünfte, usw.) Mensch
Nur jeder fünfte Flüchtling hat sein Land aus wirtschaftlichen Gründen verlassen.

56   *Stating facts*

to outweigh s.th. . . . .
The disadvantages of early marriage outweigh the
advantages.

to play a large (an important) part (role) in s.th. . . .
(1) Money plays a large (an important) part (role)
in the American presidential elections.
(2) The party leader naturally plays a large (an important) part (role) in all decisions concerning the
party.

to play s.th. down / to play s.th. up . . . .
Some Democrats tried to play the incident down
(to play the incident up).

to presuppose s.th. (to presuppose that) . . . .
Holding a discussion presupposes that you know
some basic facts about the subject of the discussion.

to profit from s.th. . . . .
He has profited from the plight of the refugees. It is
a shame.

to prove [to be] (to turn out to be) . . . .
The rumours (US: rumors) about the Prime Minister proved [to be] (turned out to be) unfounded.

Konstatieren von Sachverhalten 57

schwerer wiegen als etwas / größer sein als etwas
(in übertragener Bedeutung)
Die Nachteile der Frühehe wiegen schwerer (sind größer) als die Vorteile.

eine große (eine wichtige) Rolle spielen bei etwas
(1) Geld spielt eine große (eine wichtige) Rolle bei den amerikanischen Präsidentschaftswahlen.
(2) Der Parteivorsitzende spielt natürlich eine große (eine wichtige) Rolle bei allen Entscheidungen, die die Partei betreffen.

etwas herunterspielen (bagatellisieren) / etwas hochspielen
Einige Demokraten versuchten, den Vorfall (Zwischenfall) herunterzuspielen (zu bagatellisieren) / den Vorfall (Zwischenfall) hochzuspielen.

etwas voraussetzen (voraussetzen, dass)
Eine Diskussion führen setzt voraus, dass man einige grundlegende Tatsachen (Fakten) über das Diskussionsthema weiß.

profitieren von etwas (Gewinn ziehen aus etwas)
Er hat von der Notlage der Flüchtlinge profitiert. Es ist eine Schande.

sich erweisen als (sich herausstellen als)
Die Gerüchte über den Premierminister erwiesen sich als unbegründet.

58   *Stating facts*

to range from ... to (...) . . . .
The subjects treated in this book range from gardening to motoring and mountaineering.

to read s.th. into s.th. . . . .
He has read something that is not there into these happenings.

to refer to s.o./s.th. . . . .
What I have just said to you about the standard of living in the working class only refers to an affluent society like ours.

regardless of . . . .
All immigrants have to go through these formalities regardless of their country of origin.

to result from s.th. . . . .
A lot of problems with teenagers result from the fact that parents are too permissive.

to result in s.th. . . . .
Only 35 per cent of the disputes resulted in a victory for the workers.

Konstatieren von Sachverhalten   59

reichen von ... bis zu ... (*bildlich*)

Die Themen, die in diesem Buch behandelt werden, reichen vom Gartenbau bis zum Autofahren
und Bergsteigen.

**etwas hineinlesen (hineindeuten/hineininterpretieren)
in etwas**

Er hat etwas in diese Geschehnisse (Vorkommnis-
se) hineingedeutet, was [gar] nicht da ist.

sich beziehen auf jdn./etwas

[Das] was ich dir (Ihnen) eben über den Lebens-
standard in der Arbeiterschicht gesagt habe, bezieht sich nur auf eine Wohlstandsgesellschaft wie
unsere.

ungeachtet (egal / ganz gleich) ...

Alle Einwanderer müssen diese Formalitäten erle-
digen (abwickeln), egal (ganz gleich) aus welchem
Land sie stammen (*wörtl.: ungeachtet ihres Her-
kunftslandes*).

**sich ergeben aus etwas (resultieren aus etwas / die
Folge sein von etwas)**

Viele Probleme mit Teenagern ergeben sich daraus
(aus der Tatsache), dass die Eltern zu viel erlauben.

enden mit etwas

Nur 35 Prozent der Auseinandersetzungen endeten
mit einem Sieg für die Arbeiter.

60   *Stating facts*

to set an example . . . .
The Europeans have set an example which the
United States ought to follow.

s.th. shows [in s.th.] . . . .
(1) The poverty of the population shows, for in-
stance, in their clothes.
(2) She has not worked very hard, and it shows!

to side with s.o. . . . .
Whatever he says, I am quite sure that he sides with
the Republicans.

to spark s.th. off / to trigger s.th. off . . . .
The TV scandal has sparked off (triggered off) a
nationwide discussion about the mass media.

**to specialize (specialise) in s.th. (to be a specialist in
s.th.)** . . . .
He has specialized (specialised) in contemporary
art. (He is a specialist in contemporary art).

to stand comparison with s.th. . . . .
Most Chinese products stand comparison with
those of other countries.

ein [gutes] Beispiel geben
Die Europäer haben ein [gutes] Beispiel gegeben, dem die Vereinigten Staaten folgen sollten.

etwas zeigt sich / etwas sieht man [an etwas]
(1) Die Armut der Bevölkerung zeigt sich (sieht man) zum Beispiel an ihrer Kleidung.
(2) Sie hat nicht sehr hart gearbeitet, das sieht man!

auf der Seite (aufseiten) jds. stehen (halten zu jdm.)
Was er auch [immer] sagt, ich bin ganz sicher, dass er aufseiten der Republikaner steht.

etwas auslösen
Der Fernsehskandal hat eine landesweite Diskussion (hat im ganzen Land eine Diskussion) über die Massenmedien ausgelöst.

sich spezialisieren auf etwas (Spezialist für etwas sein)
Er hat sich auf zeitgenössische Kunst spezialisiert. (Er ist Spezialist für zeitgenössische Kunst.)

den Vergleich mit etwas nicht zu scheuen brauchen
(*wörtl.: dem Vergleich mit etwas standhalten*)
Die meisten chinesischen Produkte (Erzeugnisse) brauchen den Vergleich mit denen anderer Länder nicht zu scheuen.

62   *Stating facts*

to take s.th. at [its] face value . . . .
I took your father's assertion at [its] face value.

That is anyone's (anybody's) guess. . . . .

The fact is that (...) . . . .
The fact is that both sides expressed satisfaction
with the agreement.

The fact remains [that ...] . . . .
He has given a plausible enough excuse, but the
fact remains [that he arrived home late].

the following . . . .
At the press conference the Prime Minister said the
following: ...

**the good (bad, interesting, worrying, etc.) thing about
it (this/that) is that** . . . .
Taking the job involves living in France. The worrying thing about that is that I do not speak French.

Konstatieren von Sachverhalten 63

etwas für bare Münze nehmen (= etwas als Tatsache betrachten)

Ich habe die Behauptung deines Vaters für bare Münze genommen.

Darüber kann man nur Vermutungen anstellen. / Das kann niemand [genau] vorhersagen (vorhersehen).

Tatsache ist, dass ...

Tatsache ist, dass beide Seiten ihre Befriedigung (Genugtuung) über die Einigung zum Ausdruck gebracht haben (dass sich beide Seiten befriedigt über die Einigung geäußert haben).

Die Tatsache bleibt bestehen [, dass...]

Er hat eine durchaus einleuchtende Entschuldigung (Erklärung) vorgebracht, aber die Tatsache bleibt bestehen [, dass er spät (verspätet) zu Hause angekommen (eingetroffen) ist].

Folgendes

Bei der Pressekonferenz sagte der Premierminister Folgendes: ...

das Gute (Schlechte, Interessante, Beunruhigende, usw.) daran (an der Sache) ist, dass

Wenn ich die Stelle nehme (annehme), muss ich in Frankreich wohnen (bedeutet das, dass ich in Frankreich wohnen muss). Das Beunruhigende daran (an der Sache) ist, dass ich kein Französisch [sprechen] kann.

64   *Stating facts*

the key to s.th. lies in s.th. . . . .
The key to the solution of many political problems
lies in a wider understanding of the economic facts
of life.

The point [at issue] is that (...) . . . .
The point [at issue] is that it is impossible to go on
using these teachings as a guideline for the new
economic policy.

the underlying idea . . . .
The underlying idea of the whole reform is equality
of opportunity.

There is no doubt that (...) . . . .
There is no doubt that production will be stepped
up before long.

to think along these (the same) lines . . . .
I expect many people are thinking along these (the
same) lines.

to undergo a change . . . .
Schools have undergone a series of changes in the
last few years.

to vary from ... to (...) . . . .
We estimate that delays will vary from two hours to
six or seven.

Konstatieren von Sachverhalten 65

der Schlüssel zu etwas liegt in etwas
Der Schlüssel zur Lösung vieler politischer Probleme liegt in einem größeren (umfassenderen) Verständnis der wirtschaftlichen Fakten des Lebens.

Der entscheidende (springende) Punkt / Der Kernpunkt ist [der], dass …
Der entscheidende (springende) Punkt / Der Kernpunkt ist [der], dass es unmöglich ist, diese Lehren weiterhin als Richtschnur (Richtlinie) für die neue Wirtschaftspolitik zu verwenden.

die zugrunde liegende Idee
Die der ganzen Reform zugrunde liegende Idee ist die Chancengleichheit.

Es besteht kein Zweifel daran, dass …
Es besteht kein Zweifel daran, dass die Produktion in Kürze (bald) gesteigert [werden] wird.

so (ebenso) denken / diese (die gleiche) Ansicht vertreten
Ich glaube, viele Leute denken so (ebenso).

eine Veränderung durchmachen
Die Schulen haben in den letzten Jahren eine Reihe von Veränderungen durchgemacht.

schwanken (sich bewegen) zwischen … und …
Wir schätzen, dass sich die Verspätungen zwischen zwei Stunden und sechs oder sieben Stunden bewegen werden.

66   *Stating facts*

to voice one's feelings (thoughts, etc.) . . . .
He did not dare [to] voice his feelings.

When it comes to doing s.th., (...) . . . .
When it comes to speaking one's mind [freely],
people react differently.

wishful thinking . . . .
That is nothing but wishful thinking.

You are in good company. . . . .

Konstatieren von Sachverhalten 67

**seine Gefühle (Gedanken, usw.) in Worte fassen /
seinen Gefühlen (Gedanken, usw.) Ausdruck geben
(verleihen)**
Er wagte nicht, seinen Gefühlen Ausdruck zu geben (verleihen).

Wenn es darum geht, etwas zu tun, …
Wenn es darum geht, offen seine Meinung zu sagen, reagieren die Leute verschieden (unterschiedlich).

Wunschdenken
Das ist nichts als Wunschdenken.

Du befindest dich (Sie befinden sich) in guter Gesellschaft. (= Viele angesehene Leute denken/handeln so wie du/Sie.)

6. Assessment of facts

All that matters (The only thing that matters) is that (...) . . . .
All that matters (The only thing that matters) now is that the new Government brings about the necessary reforms without delay.

to amount to s.th. . . . .
(1) It amounts to this: they must recognize (recognise) the new regime.
(2) It (That) amounts to the same thing.

to be beside the point . . . .
What he writes about the strike is beside the point.

to be [quite] right in saying that . . . .
You are [quite] right in saying that most applicants simply do not qualify for the job.

to be [quite] wrong in saying that . . . .
You are [quite] wrong in saying that most applicants simply do not qualify for the job.

6. Einschätzung von Sachverhalten

Alles, worauf es ankommt (Das Einzige, worauf es ankommt) ist, dass ...

Alles, worauf es jetzt ankommt (Das Einzige, worauf es jetzt ankommt) ist, dass die neue Regierung unverzüglich die notwendigen Reformen herbeiführt.

[letzten Endes] hinauslaufen auf etwas (letztlich bedeuten)

(1) Es läuft [letzten Endes] darauf (auf Folgendes) hinaus: (Es bedeutet letztlich:) Sie müssen das neue Regime anerkennen.

(2) Es (Das) läuft (kommt) auf dasselbe hinaus.

an der Sache vorbeigehen (nicht zur Sache gehören)

[Das] was er über den Streik schreibt, geht an der Sache vorbei (gehört nicht zur Sache).

[ganz/durchaus/völlig] Recht haben, wenn jd. sagt, dass

Du hast (Sie haben) [ganz/durchaus/völlig] Recht, wenn du sagst (Sie sagen), dass die meisten Bewerber für die Stelle einfach nicht in Frage kommen.

sich [sehr/gewaltig] irren, wenn jd. sagt, dass

Du irrst dich (Sie irren sich) [sehr/gewaltig], wenn du sagst (Sie sagen), dass die meisten Bewerber für die Stelle einfach nicht in Frage kommen.

70   *Assessment of facts*

s.th. cannot be so easily dismissed . . . .
But European and African opinion cannot be so easily dismissed.

s.o.'s chances [of doing s.th.] are slim . . . .
His chances [of escaping / of winning, etc.] are slim.

Curiously (Oddly/Strangely) enough (…) . . . .
Curiously (Oddly/Strangely) enough it does not seem to occur to him that he might lose his job.

to give the impression of being s.o. . . . .
She gives the impression of being an extremely shrewd woman.

to hold water . . . .
This argument does not hold water.

If you think about it [carefully], (…) . . . .
If you think about it [carefully], you must admit that this is the best solution.

Judging by (…) . . . .
Judging by his outward appearance he is most probably an American.

Einschätzung von Sachverhalten 71

etwas kann nicht einfach so abgetan werden (über etwas kann nicht einfach so hinweggegangen werden)
Aber die öffentliche Meinung in Europa und Afrika kann nicht einfach so abgetan werden. (Aber über die ... kann nicht einfach so hinweggegangen werden.)

jds. Chancen (Aussichten) [etwas zu tun] sind gering
Seine Chancen (Aussichten) [zu entkommen / zu gewinnen, usw.] sind gering.

Merkwürdigerweise (Seltsamerweise) ...
Merkwürdigerweise (Seltsamerweise) scheint er gar nicht auf die Idee zu kommen, dass er seine Stelle verlieren könnte.

den Eindruck eines (einer) ... machen
Sie macht den Eindruck einer äußerst scharfsinnigen Frau.

stichhaltig sein
Dieses Argument ist nicht stichhaltig.

Wenn du (Sie) einmal [richtig / in Ruhe] darüber nachdenkst (nachdenken), ...
Wenn du (Sie) einmal [richtig / in Ruhe] darüber nachdenkst (nachdenken), musst du (müssen Sie) zugeben, dass das die beste Lösung ist.

Nach ... zu urteilen, ...
Nach seiner äußeren Erscheinung (seinem Äußeren) zu urteilen, ist er höchstwahrscheinlich Amerikaner.

72 *Assessment of facts*

to make light of a problem (a difficulty) . . . .
The engineers make light of the technical difficulties.

to overestimate s.th. (s.o.) / to underestimate s.th. (s.o.)
You must not overestimate (underestimate) his influence on the party.

to rule out the possibility that . . . .
We cannot rule out the possibility that there will be another wave of terror.

Taking all that into consideration, (...) . . . .
Taking all that into consideration, I still think the whole situation is not so confusing as it looks.

That is a chance we will have to take. . . . .

That is [only] a drop in the ocean. . . . .

**To hear some people speak (talk), you would think
[that] (...)** . . . .
To hear some people speak (talk), you would think
[that] nearly every British adult lived on welfare.

You never can tell. . . . .

Einschätzung von Sachverhalten 73

ein Problem (eine Schwierigkeit) als geringfügig (belanglos) betrachten
Die Ingenieure (Techniker) betrachten die technischen Schwierigkeiten als geringfügig (belanglos).

etwas (jdn.) überschätzen / etwas (jdn.) unterschätzen
Du darfst (Sie dürfen) seinen Einfluss auf die Partei nicht überschätzen (unterschätzen).

die Möglichkeit ausschließen, dass
Wir können die Möglichkeit nicht ausschließen, dass es eine weitere (erneute/neue) Welle von Terroranschlägen geben wird.

[Selbst] wenn man alles das berücksichtigt (in Betracht zieht), ...
[Selbst] wenn man alles das berücksichtigt (in Betracht zieht), ist die ganze Lage, glaube ich, doch nicht so verwirrend, wie sie aussieht (*wörtl.: ..., glaube ich doch, dass die ganze Lage...*).

Dieses Risiko werden wir [schon] eingehen (auf uns nehmen) müssen. / Das werden wir schon riskieren müssen.

Das ist [nur] ein Tropfen auf den heißen Stein.

Wenn man einige Leute so reden hört, könnte man denken, dass ...
Wenn man einige Leute so reden hört, könnte man denken, dass fast jeder Erwachsene in Großbritannien von Sozialhilfe lebt.

Man kann nie wissen.

7. Contrast/Opposition

as opposed to . . . .
The French drink a lot of wine, as opposed to the English, who seem to prefer beer.

to be contradictory to s.th. (to be incompatible with s.th.) . . . .
The violation of human rights in that country is contradictory to (is incompatible with) the spirit of the Olympic Games.

contrary to . . . .
Contrary to his promise a few days ago, it now seems unlikely that elections will be held at the end of December.

Either way, (...) . . . .
Either way, the structure of the economy will change.

For one thing, ..., and then, (for another,) (...) . . . .
For one thing, these immigrants have different systems of values, and then, (for another,) many of them do not speak English, which creates special problems.

in comparison with (US auch: to) / by comparison
(1) English is easy in comparison with (to) Chinese.
(2) Chinese is very difficult to learn. English is easy by comparison.

7. Gegensatz/Gegenüberstellung

im Gegensatz zu (nicht am Satzanfang!)
Die Franzosen trinken viel Wein, im Gegensatz zu den Engländern, die Bier vorzuziehen scheinen.

im Widerspruch stehen zu etwas (unvereinbar sein mit etwas)
Die Verletzung der Menschenrechte in diesem Land steht im Widerspruch zu (ist unvereinbar mit) dem Geist der Olympischen Spiele.

im Gegensatz zu
Im Gegensatz zu seinem Versprechen vor einigen Tagen erscheint es jetzt unwahrscheinlich, dass Ende Dezember Wahlen abgehalten werden.

so oder so (auf die eine oder andere Art)
Die Struktur der Wirtschaft wird sich so oder so (auf die eine oder andere Art) verändern.

Zum einen ... [und] zum anderen ...
Zum einen haben diese Einwanderer andere Wertmaßstäbe (Wertnormen), [und] zum anderen sprechen viele von ihnen kein Englisch, was besondere Probleme verursacht.

im Vergleich zu / im Vergleich dazu (vergleichsweise)
(1) Englisch ist leicht im Vergleich zu Chinesisch.
(2) Chinesisch ist sehr schwer zu lernen. Englisch ist leicht im Vergleich dazu (ist vergleichsweise leicht).

76   *Contrast/Opposition*

In contrast, (...) . . . .
Our dealers have good service departments. In
contrast, big discount stores often cut corners in
after-sales service.

In contrast to (...) . . . .
In contrast to most people I am not at all interested
in television.

in theory ... in practice . . . .
The method sounds good in theory, but I wonder
whether it will work in practice.

On the contrary, (...) . . . .
They seem to be pretty hard up. – On the contrary,
they have a lot of money in the bank.

On the one hand ...; on the other [hand] (...) . . . .
On the one hand she advocates a classless society;
on the other [hand] she prides herself on living in
the West End.

the pros and cons . . . .
I carefully considered all the pros and cons before I
took (US: made) the decision.

Gegensatz/Gegenüberstellung 77

dagegen (hingegen)

Unsere Händler haben gute Kundendienstabteilungen. Große Discountgeschäfte dagegen (hingegen) machen es sich beim Kundendienst oft leicht (bequem).

Im Gegensatz zu ...

Im Gegensatz zu den meisten Menschen interessiere ich mich überhaupt nicht für Fernsehen.

in der Theorie ... in der Praxis (theoretisch ... praktisch)

In der Theorie klingt das Verfahren (die Methode) gut (hört sich das Verfahren / die Methode gut an), aber ich frage mich (ich bin gespannt), ob es (sie) in der Praxis funktioniert (klappt).

Im Gegenteil, ...

Sie scheinen ziemlich knapp bei Kasse zu sein (ziemlich wenig Geld zu haben). – Im Gegenteil, sie haben eine [ganze] Menge Geld auf der Bank.

Einerseits ...; andererseits ...

Einerseits tritt sie für eine klassenlose Gesellschaft ein; andererseits bildet sie sich etwas darauf ein (ist sie stolz darauf), im Westend zu wohnen. (Westend: vornehmer Stadtteil Londons)

das Für und Wider (die Vorteile und Nachteile)

Ich habe gründlich über das Für und Wider (die Vorteile und Nachteile) nachgedacht, bevor (ehe) ich die Entscheidung getroffen habe.

78   *Contrast/Opposition*

protestations (statements, etc.) to the contrary . . . .
Despite protestations to the contrary, productivity
has been far from good.

Quite the opposite (contrary). . . . .

There are [always] two sides to every question. . . .

**to vary from one place (country, village, etc.) to an-
other** . . . .
Customs vary from one place to another.

**to vary from place (country, village, etc.) to place
(country, village, etc.)** . . . .
Customs vary from place to place.

vice versa . . . .
We buy their products and vice versa.

Gegensatz/Gegenüberstellung   79

gegenteilige Beteuerungen (Aussagen/Erklärungen/ Behauptungen, usw.)
  Trotz gegenteiliger Beteuerungen ist die Produktivität [in letzter Zeit] alles andere als gut.

Ganz im Gegenteil.

Jede Sache hat [ihre] zwei Seiten.

von einem Ort (Land, Dorf, usw.) zum anderen verschieden sein
  Die Bräuche (Gewohnheiten) sind von einem Ort zum anderen verschieden.

von Ort (Land, Dorf, usw.) zu Ort (Land, Dorf, usw.) verschieden sein
  Die Bräuche (Gewohnheiten) sind von Ort zu Ort verschieden.

umgekehrt
  Wir kaufen ihre Produkte (Erzeugnisse) und umgekehrt.

8. Transition / Bridging gaps in speech

Anyway, (...) (Anyhow, ...) . . . .
Anyway (Anyhow), I am all for the experiment.

as a matter of fact . . . .
As a matter of fact, I would rather go away at (US: on) the weekend.

By the way, (...) . . . .
By the way, the police are being kept informed of the situation.

– how shall (US: should) I put it? – . . . .
We must – how shall (should) I put it? – face up to the realities of the situation.

It depends. . . . .
Do you think [that] the whole thing can be hushed up? – Well, it depends.

Joking apart (aside) (US: Joking aside), (...) . . . . .
Joking apart (aside), parents are breaking the law if their children play truant.

to need a lot of thinking about . . . .
That needs a lot of thinking about.

8. Überleitung/Sprechpausenüberbrückung

Wie dem auch sei, ...
Wie dem auch sei, ich bin auf jeden Fall für den Versuch (das Experiment).

eigentlich (im Grunde genommen) (als Gesprächseinleitung oft ohne übersetzbare Bedeutung)
Eigentlich (Im Grunde genommen) möchte ich lieber am Wochenende verreisen.

Übrigens (Nebenbei bemerkt), ...
Übrigens (Nebenbei bemerkt), die Polizei wird ständig über die Lage [der Dinge] auf dem Laufenden gehalten.

– wie soll ich sagen? –
Wir müssen – wie soll ich sagen? – den Realitäten der Lage (der tatsächlichen Situation) ins Auge sehen.

Es kommt darauf an.
Glaubst du (Glauben Sie), dass die ganze Sache vertuscht werden kann? – Tja (Nun ja), es kommt darauf an.

Scherz/Spaß beiseite, ...
Scherz beiseite, Eltern verstoßen gegen das Gesetz, wenn ihre Kinder die Schule schwänzen.

gut überlegt werden müssen
Das muss gut überlegt werden.

82   *Transition / Bridging gaps in speech*

Needless to say, (...) . . . .
Needless to say, I did not succeed in talking him
round (US: in getting him to come around).

Understandably, (...) . . . .
Understandably, Jenny did not keep the in-
formation to herself.

Natürlich (Wie zu erwarten war), ...

Natürlich (Wie zu erwarten war,) gelang es mir nicht, ihn zu überreden.

Verständlicherweise ...

Verständlicherweise behielt Jenny die Nachricht (Information(en)) nicht für sich.

9. Conclusion / Summing up contributions to a discussion

All in all, (...) . . . .
All in all, Newcastle is a very good place to live.

to boil down to s.th. . . . .
(1) All the proposed solutions now boil down to one thing: strong money and free trade.
(2) What she has said boils down to this, that she does not have the nerve to tell him the truth.

in a word . . . .
Robin makes the beds and does the cooking; he goes shopping and looks after the baby; in a word, he is an ideal husband.

in conclusion . . . .
(1) In conclusion, I would like to express my hope that all these efforts will enhance the prospect of peace.
(2) Two points in conclusion: (...)

in other words (put another way / to put it another way) . . . .
In other words (Put another way / To put it another way), nothing but trouble will follow.

9. Abschluss / Zusammenfassung von Gesprächsbeiträgen

Alles in allem ...

Alles in allem lebt es sich sehr gut in Newcastle.

[letzten Endes] hinauslaufen auf etwas

(1) Alle vorgeschlagenen Lösungen laufen jetzt [letzten Endes] auf eins hinaus: harte Währung und freier Handel.

(2) [Das] was sie gesagt hat, läuft [letzten Endes] darauf hinaus, dass sie nicht den Mut (die Nerven) hat, ihm die Wahrheit zu sagen.

mit einem Wort (kurzum)

Robin macht die Betten und kocht; er geht einkaufen und versorgt (kümmert sich um) das Baby; mit einem Wort (kurzum), er ist ein idealer Ehemann.

abschließend (zum Schluss/Abschluss)

(1) Abschließend (Zum Schluss/Abschluss) möchte ich meiner Hoffnung Ausdruck geben (meine Hoffnung zum Ausdruck bringen), dass alle diese Bemühungen die Friedensaussichten erhöhen [werden].

(2) Zwei Punkte zum Abschluss: ... (Abschließend [noch] zwei Punkte: ...)

mit anderen Worten (anders gesagt)

Mit anderen Worten (Anders gesagt), wir werden nur Ärger bekommen (*wörtl.: nichts als Schwierigkeiten/ Unannehmlichkeiten/Scherereien wird die Folge sein*).

86 *Conclusion / Summing up*

in short . . . .
In short, what we should do is the following.

to leave it at that . . . .
We have not yet cleared up everything, it is true,
but I think we had better leave it at that for the
moment.

to put s.th. on ice . . . .
If you do not agree on the plan, we will have to put
it on ice.

To put it at its simplest: (...) / Put simply: (...) . . . .
To put it at its simplest (Put simply): you cannot
have your cake and eat it (US: and eat it too).

to remain to be done . . . .
(1) Much remains to be done.
(2) It remains to be seen whether his predictions
will come true.
(3) That remains to be seen.

So much for (...) . . . .
So much for the lack of long-range planning in our
time.

Abschluss/Zusammenfassung 87

kurz gesagt (kurzum)
Kurz gesagt (Kurzum), was wir tun sollten ist Folgendes.

es dabei belassen (es auf sich beruhen lassen)
Wir haben zwar noch nicht alles geklärt (aufgeklärt), aber ich glaube, wir sollten es im Augenblick dabei belassen (auf sich beruhen lassen).

etwas auf Eis legen (= aufschieben)
Wenn ihr euch (Sie sich) nicht über das Projekt einigen könnt (können), werden wir es auf Eis legen müssen.

Um es ganz einfach zu sagen: ... / Einfach gesagt: ...
Um es ganz einfach zu sagen (Einfach gesagt): Man kann nur eins von beiden tun (haben). / Entweder – oder!

noch zu tun bleiben
(1) Es bleibt noch viel zu tun.
(2) Es bleibt abzuwarten, ob sich seine Voraussagen bewahrheiten werden (ob seine Voraussagen eintreffen werden).
(3) Das bleibt abzuwarten.

So viel zu (...) (= So viel wollte ich zunächst einmal sagen zu ...)
So viel zu dem Mangel an langfristiger Planung in unserer Zeit.

88   *Conclusion / Summing up*

**the gist of an article (a book, a speech, a conver-
sation, etc.)** . . . .
Could you give me the gist of this article?

The long and the short of it is that (...) . . . .
The long and the short of it is that we must take the
initiative.

To sum up, we can say that (...) . . . .
To sum up, we can say that women are equal and
often superior to men in almost every field.

Abschluss/Zusammenfassung 89

das Wesentliche (die Hauptpunkte) eines Artikels (eines Buches, einer Rede, eines Gesprächs, usw.)
Könntest du (Könnten Sie) mir das Wesentliche (die Hauptpunkte) dieses Artikels sagen? (Könntest du / Könnten Sie mir kurz sagen, worum es in diesem Artikel geht/ging?)

Mit einem Wort (Kurzum), ...
Mit einem Wort (Kurzum), wir müssen die Initiative ergreifen (wir müssen den ersten Schritt tun).

Zusammenfassend kann man sagen, dass ...
Zusammenfassend kann man sagen, dass die Frauen den Männern gegenüber auf fast jedem Gebiet gleichwertig und oft überlegen sind.

10. Miscellaneous phrases frequently used in discussion, comment and conversation

according to . . . .
According to the findings of psychology, frustration often leads to aggression.

to advocate [doing] s.th. . . . .
He has always advocated cleaning up the slums and providing education and employment for all.

to affect s.o./s.th. . . . .
Some observers claim that the stress of modern life has affected all age groups by now.

an end in itself . . . .
Modern philosophy tends to become an end in itself.

to arouse interest (curiosity, sympathy, suspicion)
In the London of today the performance of this play would not arouse great interest.

10. Häufig gebrauchte allgemeine Wendungen beim Diskutieren und Kommentieren sowie im Gespräch – ohne besondere Zuordnung

nach … / … zufolge

Nach den Erkenntnissen (Forschungsergebnissen) der Psychologie (Den Erkenntnissen/Forschungsergebnissen der Psychologie zufolge) führt Frustration oft zu Aggression.

eintreten für etwas / sich einsetzen für etwas

Er ist immer dafür eingetreten (Er hat sich immer dafür eingesetzt), die Slums (Elendsviertel) zu beseitigen und allen Ausbildung und Arbeit zu beschaffen.

sich auswirken auf jdn. (etwas) / jdn. (etwas) betreffen

Einige Beobachter behaupten, dass sich der Stress des modernen Lebens inzwischen (mittlerweile) auf alle Altersgruppen auswirkt.

ein Selbstzweck

Die moderne Philosophie tendiert (neigt) dazu, zum Selbstzweck zu werden.

Interesse (Neugier, Mitgefühl, Argwohn/Verdacht) erregen

Im heutigen London würde die Aufführung dieses Stücks kein großes Interesse erregen.

92   *Miscellaneous phrases frequently used*

as for . . . .
The old house over there is to be renovated. As for
the others, they will either be sold or pulled down.

..., as the case may be . . . .
Mr(.) Gates arrives home at six o'clock or seven
o'clock, as the case may be.

to base an assertion (a report, etc.) on some evidence
I assume he bases this sweeping assertion on some
concrete evidence.

to be an exception to the rule . . . .
Normally terrorists from abroad are extradited at
once. The case of Konski is an exception to the
rule.

to be aware (unaware) of a problem (difficulty, etc.)
A lot of people are aware (unaware) of the problems facing the United States today.

to be based on fact(s) . . . .
I wonder whether this article is really based on
fact(s).

Häufig gebrauchte allgemeine Wendungen 93

was ... betrifft (was ... anbelangt)
Das alte Haus da drüben soll renoviert werden.
Was die anderen betrifft (anbelangt), werden sie
entweder verkauft oder abgerissen [werden].

..., je nachdem
Herr Gates kommt um sechs [Uhr] oder um sieben
[Uhr] nach Hause, je nachdem.

**eine Behauptung (einen Bericht, usw.) auf irgend-
welches Beweismaterial stützen**
Ich nehme [selbstverständlich] an (Ich gehe davon
aus), dass er diese summarische Behauptung auf irgendwelches konkretes Beweismaterial stützt.

eine Ausnahme von der Regel sein
Normalerweise werden Terroristen aus dem Aus-
land sofort ausgeliefert. Der Fall Konski ist eine
Ausnahme von der Regel.

**sich eines Problems (einer Schwierigkeit, usw.)
bewusst (nicht bewusst) sein**
Viele Leute sind sich der Probleme bewusst (nicht
bewusst), denen die Vereinigten Staaten heute
(heutzutage) gegenüberstehen.

auf Tatsachen beruhen (basieren)
Ich möchte einmal wissen (Ich frage mich), ob
dieser Artikel wirklich auf Tatsachen beruht (basiert).

94   *Miscellaneous phrases frequently used*

to be in a position to do s.th. . . . .
I have never been in a position to try it out.

to beat about the bush . . . .
I do not want to beat about the bush.

to become aware of the fact that . . . .
She became aware of the fact that she had been
mistaken.

Besides (Furthermore / Moreover / In addition), (...)
Besides (Furthermore / Moreover / In addition),
the Government is prepared to provide money in
the form of loans.

borderline case . . . .
That is a borderline case.

to bring s.th. home to s.o. . . . .
I tried to bring it home to him that he could not
solve his problems by drinking.

to call a spade a spade . . . .
We should call a spade a spade.

s.th. can be seen from the fact that . . . .
The importance of the new law can be seen from
the fact that even the Opposition has voted for it.

Häufig gebrauchte allgemeine Wendungen　95

in der Lage sein, etwas zu tun
Ich bin [noch] nie in der Lage gewesen, es auszuprobieren.

um die Sache herumreden
Ich möchte nicht um die Sache herumreden.

sich der Tatsache bewusst werden, dass
Sie wurde sich der Tatsache bewusst, dass sie sich geirrt hatte.

Außerdem (Ferner / Darüber hinaus) …
Außerdem (Ferner / Darüber hinaus) ist die Regierung bereit, Geld in der Form von Darlehen (Krediten) bereitzustellen (zur Verfügung zu stellen).

Grenzfall
Das ist ein Grenzfall.

jdm. etwas klarmachen
Ich versuchte, ihm klarzumachen, dass er seine Probleme nicht mit Trinken (mit Alkohol) lösen könnte.

die Dinge (das Kind) einmal beim Namen nennen (einmal ganz offen reden)
Wir sollten die Dinge (das Kind) einmal beim Namen nennen. (Wir sollten einmal ganz offen reden.) (*wörtl.: Wir sollten einen Spaten einen Spaten nennen.*)

etwas ist daran zu erkennen (daraus zu ersehen), dass
Die Bedeutung des neuen Gesetzes ist daran zu erkennen (daraus zu ersehen), dass selbst (sogar) die Opposition dafür gestimmt hat.

to clarify a position . . . .
We have not yet come to an agreement, but our respective positions have at least been clarified.

to come to light . . . .
News of the fate of the two paintings has come to light only because of information provided by people in the art world.

to come (to get) to the point . . . .
Please come (get) to the point.

to cope with a situation . . . .
She was unable to cope with the situation.

to count for nothing (for little / for much) . . . . . .
To most people, economic problems in faraway places count for nothing (for little).

to cut no ice with s.o. . . . .
Such promises cut no ice with me.

Häufig gebrauchte allgemeine Wendungen   97

eine Position (einen Standpunkt) klären (klarstellen)
Wir sind noch nicht zu einer Einigung gekommen,
aber unsere jeweiligen Positionen (Standpunkte)
sind wenigstens geklärt (klargestellt) worden.

ans Licht kommen (bekannt werden)
Die Nachricht vom Schicksal der zwei Gemälde ist
nur (erst) aufgrund von Informationen ans Licht
gekommen (bekannt geworden), die von Leuten
aus der Kunstwelt gegeben wurden.

zur Sache kommen
Bitte komm (kommen Sie) zur Sache.

**mit einer Situation fertig werden (eine Situation
meistern)**
Sie war nicht in der Lage, mit der Situation fertig
zu werden (die Situation zu meistern).

**belanglos ([nur] von geringer / von großer Bedeu-
tung) erscheinen**
Den meisten Leuten erscheinen wirtschaftliche
Probleme in fernen Gegenden belanglos ([nur] von
geringer Bedeutung).

**keinen Eindruck machen auf jdn. (bei jdm. nicht an-
kommen / nicht ziehen)**
Solche Versprechungen machen keinen Eindruck
auf mich (kommen bei mir nicht an / ziehen bei mir
nicht).

98   *Miscellaneous phrases frequently used*

to depend on s.th. . . . .
Whether the two countries enter into diplomatic relations [or not] depends on three factors.

to disprove (to refute) an assertion . . . .
You will have some difficulty [in] disproving (refuting) this assertion.

to do things by halves . . . .
When it comes to making cars, the Japanese never do things by halves.

to draw a conclusion [from s.th.] . . . .
What conclusion do you draw from his strange reaction?

to draw the line . . . .
You must draw the line somewhere.

**Even so, (…) (All the same, … / In spite of that, … /
Still, …)** . . . .
It was a very simple method. Even so, it worked beautifully every time.

Häufig gebrauchte allgemeine Wendungen 99

abhängen von etwas
Ob die beiden Länder diplomatische Beziehungen [miteinander] aufnehmen werden, hängt von drei Faktoren ab.

eine Behauptung widerlegen
Du wirst (Sie werden) einige Mühe haben, diese Behauptung zu widerlegen.

halbe Sachen machen (oberflächlich arbeiten)
Wenn es darum geht, Autos zu bauen, machen die Japaner nie halbe Sachen (arbeiten die Japaner nie oberflächlich).

einen Schluss (eine Schlussfolgerung) ziehen [aus etwas]
Welchen Schluss (Welche Schlussfolgerung) ziehst du (ziehen Sie) aus seiner merkwürdigen Reaktion?

die (eine) Grenze ziehen (dafür sorgen, dass die Dinge nicht ausufern)
Irgendwo muss man die (eine) Grenze ziehen (Irgendwann muss man dafür sorgen, dass die Dinge nicht ausufern).

Trotzdem (Dennoch) ...
Es war ein sehr einfaches Verfahren. Trotzdem (Dennoch) klappte es jedes Mal wunderbar.

100   *Miscellaneous phrases frequently used*

to exert a great influence on s.o. . . . .
The press exerts a great influence on public
opinion.

for some reason [or other] . . . .
For some reason [or other] she took offence (US:
offense) at my remarks.

For this purpose (...) . . . .
He wanted to leave the country at all costs. For this
purpose he sold all his belongings.

to force s.o. into doing s.th. . . . .
They tried to force him into making a peace agreement.

from a political (medical, etc.) point of view . . . . .
From a medical point of view these men show no
evidence of illness.

to get out of control (out of hand) . . . .
The policy failed because devaluation got out of
control (out of hand).

to get to the bottom of s.th. . . . .
If you get to the bottom of this business, it will be a
pretty good piece of work.

Häufig gebrauchte allgemeine Wendungen 101

einen großen Einfluss ausüben auf jdn.
Die Presse übt einen großen Einfluss auf die öffentliche Meinung aus.

aus irgendeinem Grund
Aus irgendeinem Grund hat sie mir meine Bemerkungen (Äußerungen) übelgenommen.

Zu diesem Zweck ...
Er wollte das Land unbedingt (um jeden Preis) verlassen. Zu diesem Zweck verkaufte er alles, was er hatte (besaß).

jdn. zwingen, etwas zu tun
Sie versuchten, ihn zum Abschluss eines Friedensvertrages zu zwingen. (= ..., ihn zu zwingen, einen Friedensvertrag abzuschließen.)

aus politischer (medizinischer, usw.) Sicht / politisch (medizinisch, usw.) gesehen
Aus medizinischer Sicht (Medizinisch gesehen) zeigen diese Männer keine Anzeichen von Krankheit.

außer Kontrolle geraten
Die Politik (= politische Maßnahme) schlug fehl (scheiterte), weil die Abwertung (Geldentwertung) außer Kontrolle geriet.

einer Sache auf den Grund gehen / etwas aufklären
Wenn du (Sie) diese Sache (Angelegenheit) aufklärst (aufklären), ist das eine ganz schöne Leistung.

102   *Miscellaneous phrases frequently used*

Given (...) . . . .
Given the problems we have in coping with the
present, it is tempting to forget about the future.

to go into detail(s) . . . .
We can discuss the problem, by all means, but we
need not go into detail(s).

to have s.th. in common . . . .
What do the two people have in common?

to have no regard for s.o.'s feelings . . . .
She has no regard for her parents' feelings (for the
feelings of others).

to imply s.th. . . . .
What does her silence imply?

in a field . . . .
He is well versed in the field of art (in his field).

in political (economic, cultural, etc.) matters . . . . .
In political matters, decisions must often be made
quickly.

Angesichts (In Anbetracht) …
Angesichts der Schwierigkeiten, mit der Gegenwart fertig zu werden, ist man leicht versucht (*wörtl.: ist es verlockend*), die Zukunft darüber zu vergessen.

ins Einzelne (Detail) gehen (in die Einzelheiten gehen / auf Einzelheiten eingehen)
Wir können das Problem gern (durchaus) diskutieren, aber wir brauchen [ja] nicht ins Einzelne (Detail) zu gehen.

etwas gemeinsam haben (sich gleichen in etwas)
Was haben die beiden Personen gemeinsam? (Worin gleichen sich die beiden Personen?)

keine Rücksicht nehmen auf jds. Gefühle
Sie nimmt keine Rücksicht auf die Gefühle ihrer Eltern (auf die Gefühle anderer).

etwas besagen (beinhalten/implizieren)
Was besagt (beinhaltet/impliziert) ihr Schweigen?

auf einem Gebiet
Er ist sehr bewandert (beschlagen/versiert) auf dem Gebiet der Kunst (auf seinem Fachgebiet).

bei politischen (wirtschaftlichen, kulturellen, usw.) Dingen (Angelegenheiten)
Bei politischen Dingen (Angelegenheiten) müssen Entscheidungen oft schnell getroffen werden.

104   *Miscellaneous phrases frequently used*

s.o./s.th. in question . . . .
The men in question were paid for their part in the robbery.

in retrospect . . . .
In retrospect, there are two ways of looking at what happened.

in return for . . . .
In return for all these concessions, the bus drivers were offered pay increases ranging from three to five per cent.

in the course of time . . . .
In the course of time people got accustomed to these living conditions.

in the long run . . . .
In the long run, it will not be possible to keep these plans secret from the public.

in the region of (here: used before numbers) . . . . .
The Government is disposed only to allow a smaller sum, in the region of fifty million dollars.

in this [particular] case . . . .
In this [particular] case we cannot afford to take the risk.

Häufig gebrauchte allgemeine Wendungen 105

der/die/das betreffende ...
Die betreffenden Männer wurden für ihre Beteiligung an dem Raubüberfall bezahlt.

im Rückblick (in der Rückschau / rückblickend / rückschauend)
Rückschauend kann man die Geschehnisse (Ereignisse) von zwei Seiten sehen.

[als Gegenleistung] für
[Als Gegenleistung] für alle diese Zugeständnisse (Konzessionen) wurden den Busfahrern Lohnerhöhungen zwischen drei und fünf Prozent angeboten.

im Laufe der Zeit
Im Laufe der Zeit gewöhnten sich die Leute an diese Lebensbedingungen.

auf die Dauer
Auf die Dauer wird es nicht möglich sein, diese Pläne vor der Öffentlichkeit geheim zu halten.

so um die / etwa (hier: vor Zahlenangaben)
Die Regierung ist nur (lediglich) bereit, eine geringere Summe zu bewilligen, so um die (etwa) fünfzig Millionen Dollar.

in diesem [speziellen] Fall
In diesem [speziellen] Fall können wir es uns nicht leisten, das Risiko einzugehen (auf uns zu nehmen).

106 *Miscellaneous phrases frequently used*

In this respect (...) . . . .
She has never been ill in her life. In this respect she
has been very lucky indeed.

In this way, (...) . . . .
The police have sealed off the airport. In this way,
they hope to prevent the demonstrators [from] getting onto the runways.

in view of . . . .
In view of these facts there is no option.

it dawned on me (him, her, etc.) that . . . .
Gradually it dawned on her that her former friend
had become a real menace to society.

to jump (to leap) to the conclusion that . . . .
You must not jump (leap) to the conclusion that
the National Health Service is a total failure.

to keep to the point . . . .
He never keeps to the point.

Häufig gebrauchte allgemeine Wendungen 107

In dieser Hinsicht ...
Sie ist in ihrem [ganzen] Leben nie krank gewesen.
In dieser Hinsicht hat sie wirklich großes Glück gehabt.

Auf diese Weise ...
Die Polizei hat den Flughafen abgeriegelt. Auf diese Weise hofft sie zu verhindern, dass die Demonstranten auf die Rollbahnen gelangen.

in Anbetracht (angesichts)
Angesichts dieser Tatsachen gibt es keine andere Möglichkeit (bleibt mir / uns keine andere Wahl).

es dämmerte mir (ihm, ihr, usw.), dass / es wurde mir (ihm, ihr, usw.) klar, dass
Allmählich dämmerte es ihr (wurde es ihr klar), dass ihr früherer (ehemaliger) Freund eine echte Gefahr für die Gesellschaft geworden war.

voreilig (übereilt) den Schluss ziehen, dass
Du darfst (Sie dürfen) nicht voreilig (übereilt) den Schluss ziehen, dass der staatliche Gesundheitsdienst [in Großbritannien] eine totale Fehlkonstruktion (ein totaler Versager) ist.

bei der Sache bleiben (nicht vom Thema abweichen)
Er bleibt nie bei der Sache. (Er weicht immer vom Thema ab.)

108   *Miscellaneous phrases frequently used*

to lead to [an increase (a decrease) in] s.th. . . . . . .
These measures will most probably lead to [an increase (a decrease) in] road accidents.

to lead s.o. to do s.th. . . . .
This article has led me to believe that the euro would be good for Britain in the long run.

to leak out . . . .
When the truth began to leak out, we were all horrified.

to leave the field to s.o. . . . .
We should not leave the field to the Americans.

to let s.o. know what he is letting himself in for (US: what he is getting himself into) . . . .
The Government should let the immigrants know beforehand what they are letting themselves in for (what they are getting themselves into).

to make a comment [on s.th.] . . . .
I would like to make a comment [at this point / on what you have just said].

Häufig gebrauchte allgemeine Wendungen 109

führen zu [einer Zunahme / einem Anwachsen (einer Abnahme / einem Rückgang) von] etwas
Diese Maßnahmen werden höchstwahrscheinlich zu [einer Zunahme (einer Abnahme) von] Verkehrsunfällen führen.

jdn. dazu führen (veranlassen), etwas zu tun
Dieser Artikel hat mich zu der Überzeugung geführt (*wörtl.: hat mich dazu geführt zu glauben*), dass der Euro auf die Dauer (auf lange Sicht) für Großbritannien gut (günstig/vorteilhaft) wäre.

durchsickern (von Nachrichten usw.)
Als die Wahrheit allmählich durchsickerte (*wörtl.: anfing durchzusickern*), waren wir alle entsetzt.

jdm. das Feld überlassen
Wir sollten das Feld nicht den Amerikanern überlassen.

jdn. wissen lassen, worauf er sich einlässt
Die Regierung sollte die Einwanderer vorher (im Voraus) wissen lassen, worauf sie sich einlassen.

eine Bemerkung machen [zu etwas]
Ich möchte gern eine Bemerkung machen [an dieser Stelle / zu dem, was du/Sie eben (gerade) gesagt hast/haben].

110   *Miscellaneous phrases frequently used*

to make the mistake of doing s.th. . . . .
You must not make the mistake of telling everyone
what you think.

to mean by (to understand by) s.th. . . . .
What do you mean by (understand by) equality of
opportunity in this connection?

to meet s.o. halfway . . . .
I met him halfway.

s.o. must be made aware of s.th. . . . .
Young offenders must be made aware of society's
general disapproval.

on condition that (provided that) . . . .
I will sign the contract on condition that (provided
that) you deliver the goods on time.

on purpose . . . .
I do not think [that] he hurt her feelings on purpose.

on the surface . . . .
On the surface, racial discrimination seems to have
disappeared, but in reality it is still there.

Häufig gebrauchte allgemeine Wendungen 111

den Fehler machen (begehen), etwas zu tun
Du darfst nicht (Sie dürfen nicht) den Fehler machen (begehen), jedem zu sagen, was du denkst (Sie denken).

meinen mit (verstehen unter) etwas
Was meinst du (meinen Sie) mit (verstehst du / verstehen Sie unter) Chancengleichheit in diesem Zusammenhang?

jdm. auf halbem Wege entgegenkommen (*bildlich*)
Ich kam ihm auf halbem Wege entgegen.

jdm. muss etwas bewusst gemacht (klargemacht) werden
Jugendlichen Straffälligen muss die allgemeine Missbilligung (Ablehnung) [ihres Verhaltens] durch die Gesellschaft bewusst gemacht (klargemacht) werden.

unter der Bedingung, dass (vorausgesetzt, dass)
Ich werde den Vertrag [nur] unter der Bedingung unterschreiben, dass Sie die Ware(n) pünktlich liefern.

absichtlich (mit Absicht)
Ich glaube nicht, dass er sie absichtlich (mit Absicht) verletzt (gekränkt) hat.

[rein] äußerlich (*wörtl.: auf der Oberfläche*)
[Rein] äußerlich scheint die Rassendiskriminierung verschwunden zu sein, aber in Wirklichkeit ist sie immer noch da (vorhanden).

112   *Miscellaneous phrases frequently used*

to overcome a difficulty . . . .
It is to be hoped that they will find a way to overcome (of overcoming) the difficulties.

to press for s.th. . . . .
Many people in Britain press for severer punishment of (for) hooligans.

to put in a good word for s.o./s.th. . . . .
I would like to put in a good word for the traditional technique.

to put s.th. into practice . . . .
[I am afraid] I do not see any chance of putting these ideas into practice.

to question s.o.'s values . . . .
The young (Young people) always tend to question the values of the old (of their elders).

respective . . . .
All the political leaders claimed to respect pluralism in their respective nations.

so far . . . .
So far no one has been charged.

Häufig gebrauchte allgemeine Wendungen 113

eine Schwierigkeit überwinden
Es ist zu hoffen, dass sie einen Weg (eine Möglichkeit) finden werden, die Schwierigkeiten zu überwinden.

dringen auf etwas / etwas energisch (nachdrücklich) fordern
Viele Leute in Großbritannien dringen auf eine härtere Bestrafung von Rowdys (Schlägern).

ein gutes Wort einlegen für jdn./etwas
Ich möchte [gern] ein gutes Wort für die herkömmliche Technik (das herkömmliche Verfahren) einlegen.

etwas in die Praxis (Tat) umsetzen
[Ich fürchte,] ich sehe keine Möglichkeit, diese Ideen in die Praxis (Tat) umzusetzen.

jds. Werte (Wertvorstellungen) in Frage stellen (in Zweifel ziehen / anzweifeln)
Die Jungen (Junge Leute) tendieren (neigen) immer dazu, die Werte (Wertvorstellungen) der Alten (der Älteren) in Frage zu stellen.

jeweilig (entsprechend)
Alle Regierungschefs behaupteten [von sich], den Pluralismus in ihren jeweiligen (entsprechenden) Staaten zu respektieren.

bis jetzt
Bis jetzt ist niemand angeklagt worden.

114 *Miscellaneous phrases frequently used*

to sound s.o. out [about/on s.o. (s.th.)] . . . .
The reporter tried to sound out the workers [about their working conditions], but he failed.

suppose (supposing) . . . .
Suppose (Supposing) he does not give in after all, what shall we do then?

to tackle a problem / to tackle a situation . . . .
There might be another way of tackling the problem (of tackling the situation).

to take action against s.o. . . . .
It seems that the American government is not prepared to take [any] action against this regime.

to take advantage of the fact that . . . .
Fashion designers take advantage of the fact that most women shudder at the thought of being seen in public in clothes that are out of fashion.

to take s.th. into account (consideration) . . . .
You must take such an eventuality into account (consideration).

Häufig gebrauchte allgemeine Wendungen 115

jds. Meinung sondieren (erkunden) [über jdn. (etwas)]
Der Reporter versuchte, die Meinung der Arbeiter [über ihre Arbeitsbedingungen] zu sondieren (erkunden), aber er hatte keinen Erfolg damit (aber es gelang ihm nicht).

angenommen (gesetzt den Fall)
Angenommen (Gesetzt den Fall) er gibt doch nicht nach, was sollen wir dann tun?

ein Problem anpacken (angehen) / mit einer Situation fertig werden
Es gibt vielleicht noch eine andere Möglichkeit, das Problem anzupacken/anzugehen (mit der Situation fertig zu werden).

vorgehen gegen jdn. (etwas unternehmen gegen jdn.)
Die amerikanische Regierung ist anscheinend nicht bereit (scheint nicht bereit zu sein), gegen dieses Regime vorzugehen.

sich die Tatsache zunutze machen, dass
Modeschöpfer machen sich die Tatsache zunutze, dass die meisten Frauen bei dem Gedanken schaudern, in der Öffentlichkeit mit Kleidern gesehen zu werden, die nicht mehr modern sind.

rechnen mit etwas / etwas in Betracht (Erwägung) ziehen
Du musst (Sie müssen) mit einer solchen Möglichkeit (= mit einem solchen möglicherweise eintretenden Fall) rechnen.

116   *Miscellaneous phrases frequently used*

to take into account (consideration) that . . . .
You must take into account (consideration) that
the fabric of society in that country is completely
different from ours.

to take measures . . . .
The measures he has taken will work wonders.

to take part in s.th. . . . .
Thousands of people took part in the demonstra-
tion against the arrest of the opposition leader.

to take the opportunity to do s.th. . . . .
A lot of people took the opportunity to undergo
extensive health checks.

the reverse procedure . . . .
Roger first looks up all the new words and then
reads the text. To my mind the reverse procedure is
much better.

with regard to (concerning) . . . .
What measures do you intend to take with regard
to (concerning) the shortage of skilled workers?

Häufig gebrauchte allgemeine Wendungen 117

bedenken (berücksichtigen), dass / in Betracht (Erwägung) ziehen, dass

Du musst (Sie müssen) bedenken (berücksichtigen), dass die Struktur (das Gefüge) der Gesellschaft in diesem Land ganz anders ist als bei uns.

Maßnahmen ergreifen

Die Maßnahmen, die er ergriffen hat, werden Wunder wirken.

teilnehmen an etwas

Tausende von Menschen nahmen an der Demonstration gegen die Verhaftung des Oppositionsführers teil.

die Gelegenheit ergreifen (wahrnehmen), etwas zu tun

Viele Leute ergriffen die Gelegenheit (nahmen die Gelegenheit wahr), sich gründlich untersuchen zu lassen (*wörtl.: sich eingehender Gesundheitsüberprüfungen zu unterziehen*).

das umgekehrte Verfahren

Roger schlägt zuerst alle neuen Wörter nach und liest dann den Text. Meiner Ansicht (Meinung) nach ist das umgekehrte Verfahren viel besser.

hinsichtlich (in Hinblick auf)

Welche Maßnahmen willst du (wollen Sie) in Hinblick auf den Mangel an Facharbeitern ergreifen (beabsichtigst du / beabsichtigen Sie ... zu ergreifen)?

Formulierungen zum organisatorischen Ablauf von Konferenzen und Sitzungen

the chairman of a conference/meeting	der Vorsitzende (Leiter) einer Konferenz/ Tagung/ Sitzung
the members of a conference/meeting	die Teilnehmer einer Konferenz/Tagung/Sitzung
the delegates	die Delegierten
to attend a conference (meeting) / to be present at a conference (meeting)	an einer Konferenz/Tagung/Sitzung teilnehmen
to call a meeting for nine o'clock	eine Sitzung/Versammlung für neun Uhr einberufen

---

to open the conference/ meeting	die Konferenz/Tagung/ Sitzung eröffnen
to constitute (be) a quorum	beschlussfähig sein
item (discussion point) [on the agenda]	Punkt [der Tagesordnung]/ Tagesordnungspunkt

120 *Formulierungen zum organisatorischen Ablauf*

to be on the agenda	auf der Tagesordnung stehen
to add an item (discussion point) to the agenda (to put an item (discussion point) onto the agenda)	einen Punkt auf die Tagesordnung setzen
to delete an item (discussion point) from the agenda	einen Punkt von der Tagesordnung streichen
to take the minutes	das Protokoll führen
to read out the minutes	das Protokoll verlesen
to refer questions to the floor	Fragen an die Versammlung weiterleiten
to announce a [slight] change of programme (US: program) to s.o.	jdm. eine [kleine] Programmänderung ankündigen/mitteilen
to call s.o. to order	jdn. zur Ordnung rufen
to restore order	die Ruhe wiederherstellen
to raise a point of order	eine Frage zur Geschäftsordnung stellen
to raise objections to the methods of procedure	Einwände gegen die Verfahrensweise erheben

Formulierungen zum organisatorischen Ablauf 121

to accept an objection	einem Einwand stattgeben
to overrule an objection	einen Einwand zurückweisen
to adjourn the conferencc/meeting	die Konferenz/Tagung/Sitzung vertagen
to close the conference/ meeting	die Konferenz/Tagung/Sitzung schließen

---

to move that s.th. be done / that s.th. should be done	beantragen, dass etwas getan wird
to propose a motion	einen Antrag stellen
to take part in a discussion	sich an einer Diskussion beteiligen
to raise one's hand	die Hand heben / sich zu Wort melden
to keep a list of speakers	eine Rednerliste führen
Does anyone else wish to speak / to add anything / to take the discussion further?	Möchte noch jemand etwas dazu sagen? / Möchte sich noch jemand dazu äußern?

122   *Formulierungen zum organisatorischen Ablauf*

to be for (in favour of) (US: favor) / against a motion	für/gegen einen Antrag sein
to vote [on/for/against a motion]	abstimmen [über / stimmen für/gegen einen Antrag]
to put it to the vote / to take a vote on it	darüber abstimmen
to be ready to vote / cast one's vote	zur Abstimmung bereit sein
to decide on a motion	über einen Antrag entscheiden
to abstain from voting	sich der Stimme enthalten
15 votes for, 12 against and 7 abstentions	15 Stimmen dafür, 12 dagegen und 7 Enthaltungen
to count the votes	die Stimmen zählen
The motion is (has been) carried [unanimously].	Der Antrag ist [einstimmig] angenommen.
The motion is (has been) rejected [by 23 votes to 12].	Der Antrag ist [mit 23 zu 12 Stimmen] abgelehnt.

Formulierungen zum organisatorischen Ablauf 123

The voting has resulted in a tie.	Die Abstimmung hat Stimmengleichheit ergeben.
to demand a re-count	eine nochmalige Zählung [der Stimmen] verlangen
to take a second vote	noch einmal abstimmen
to pass a resolution [unanimously]	[einstimmig] einen Beschluss fassen / eine Resolution verabschieden

Register der deutschen Übersetzungen

Das Register erfasst nur die fett gedruckten Diskussionswendungen, nicht aber das Sprachmaterial aus den Anwendungsbeispielen und die *Formulierungen zum organisatorischen Ablauf von Konferenzen und Sitzungen.*

A

abhängen von etwas: 99
Abnahme: zu einer ~ von etwas führen 109
abnehmen: (= immer weniger werden) 47; um etwas ~ 51
abschließend: 85
Abschluss: zum ~ 85
Absicht: mit ~ 111
absichtlich: 111
abtun: etwas kann nicht einfach so abgetan werden 71; etwas einfach so ~ (etwas mit einem Achselzucken ~) 27
Achselzucken: etwas mit einem ~ abtun 27
Ahnung: Ich habe nicht die geringste (leiseste) ~ [was, wo, wann ...] 33
aktuell: Das alles ist nicht mehr ~ 45
alles in allem: 43, 85
allgemein: alles andere als (keineswegs) ~ üblich sein 31; ~ gesehen (betrachtet) 49
Ansichtssache: Das ist ~ 29
anbelangen: was ... anbelangt 93; was mich anbelangt 41
Anbetracht: in ~ 103, 107
andererseits: 77
anders gesagt: 85
anerkannt: Es ist eine allgemein

anerkannte Tatsache, dass ... 53
angehen: was mich angeht 41; ein Problem ~ 115
Angelegenheit: bei politischen (wirtschaftlichen, kulturellen, usw.) Angelegenheiten 103
angenommen: (= gesetzt den Fall) 115
angesichts: 103, 107
ankommen: Alles, worauf es ankommt (Das Einzige, worauf es ankommt) ist, dass ... 69; bei jdm. nicht ~ (= bei jdm. nicht ziehen) 97; Es kommt darauf an 81
Anlass geben zu etwas: 49
anpacken: ein Problem ~ 115
Ansicht: der gleichen ~ sein wie jd. 21; meiner ~ nach (nach meiner ~) 25; eine ~ teilen 27; auf seiner ~ beharren 29; bei seiner ~ bleiben 29; diese (die gleiche) ~ vertreten 65
Ansichtssache: Das ist ~ 29
ansprechen: ein Problem (eine Frage) ~ 19
anstellen: Darüber kann man nur Vermutungen ~ 63
Anwachsen: zu einem ~ von etwas führen 109
anzweifeln: jds. Werte (Wertvorstellungen) ~ 113
Argument: ein ~ vorbringen 19

126 *Register der deutschen Übersetzungen*

Art: auf die eine oder andere ~ 75

auch: so gut (schlecht, schnell, usw.) jd. etwas ~ macht 33

aufbauschen: etwas begierig aufgreifen und zu einem größeren Problem ~ 37

auffallen: jdm. [als besonders interessant] ~, dass … 37

aufgreifen: etwas begierig ~ und zu einem größeren Problem aufbauschen 37

aufklären: etwas ~ 101

aufmerksam: jdn. ~ machen auf etwas 15; darauf ~ machen, dass … 37

Aufmerksamkeit: jds. ~ lenken auf etwas 15

aufseiten jds. stehen: 61

Auge: das Wesentliche aus den Augen verlieren 55

Ausdruck: seinen Gefühlen (Gedanken, usw.) ~ geben (verleihen) 67

ausdrücklich: 33

ausführlich: ein Problem (eine Frage) [ziemlich] ~ behandeln 19

ausklammern: etwas ~ 17

auslösen: etwas ~ 61

Ausnahme: eine ~ von der Regel sein 93

ausschließen: die Möglichkeit ~, dass … 73

außerdem: 95

äußerlich: [rein] ~ 111

äußern: frei seine Meinung ~ 27

Aussicht: jds. Aussichten [etwas zu tun] sind gering 71

ausufern: dafür sorgen, dass die Dinge nicht ~ 99

auswirken: sich ~ auf jdn. (etwas) 91

B

bagatellisieren: etwas ~ 57

Bände sprechen: (= viele Schlussfolgerungen zulassen) 37

bar: etwas für bare Münze nehmen (= etwas als Tatsache betrachten) 63

basieren: auf Tatsachen ~ 93

bedenken, dass: 117

bedeuten: letztlich ~ 69

Bedeutung: [nur] von geringer ~ erscheinen 97; von großer ~ erscheinen 97

Bedingung: unter der ~, dass … 111

bedürfen: es bedarf jds., etwas zu tun 55

befassen: sich mit etwas ~ 45

befinden: Du befindest dich (Sie befinden sich) in guter Gesellschaft 67

begierig: etwas ~ aufgreifen und zu einem größeren Problem aufbauschen 37

Begleiterscheinung: [schädliche, gefährliche, usw.] Begleiterscheinungen mit sich bringen 51

behandeln: ein Problem (eine Frage) [ziemlich] ausführlich ~ 19

beharren: auf seiner Ansicht (Meinung) ~ 29

Behauptung: eine ~ auf irgendwelches Beweismaterial stützen 93; eine ~ widerlegen 99

beinhalten: etwas ~ 103

beiseite: etwas ~ lassen 17

Beispiel: ein typisches ~ 15; ein [gutes] ~ geben 61; Nehmen wir (Nehmen Sie / Nimm) einmal als ~ jdn. (etwas) 37

Register der deutschen Übersetzungen   127

bekannt werden: (= ans Licht kommen) 97

belanglos erscheinen: 97

belassen: es dabei ~ 87

Bemerkung: eine ~ machen [zu etwas] 109

Bereich des Möglichen: für jdn. im ~ sein 55

berücksichtigen: [Selbst] wenn man alles das berücksichtigt, … 73 ; ~, dass … 117

beruhen: auf Tatsachen ~ 93; es auf sich ~ lassen 87

besagen: etwas ~ 103

beschäftigen: sich mit etwas ~ 45

bestehen: Die Tatsache bleibt ~, [dass] 63; Es besteht kein Zweifel daran, dass … 65

Betracht: etwas in ~ ziehen 115; in ~ ziehen, dass … 117; [Selbst] wenn man alles das in ~ zieht 73

betrachten: allgemein betrachtet 49; ein Problem (eine Schwierigkeit) als geringfügig (belanglos) ~ 73

betreffen: jdn. (etwas) ~ 91; was … betrifft 93; was mich betrifft 41

betreffend: der (die/das) betreffende … 105

bewegen: sich ~ (= schwanken) zwischen … und … 65

beweisen: Das wäre erst noch zu ~ 43

Beweismaterial: eine Behauptung auf irgendwelches ~ stützen 93

bewusst: sich eines Problems ~ (nicht ~) sein 93; sich der Tatsache ~ werden, dass … 95; jdm. muss etwas ~ gemacht werden 111

beziehen: sich ~ auf jdn. (etwas) 45, 59

bis jetzt: 113

bleiben: noch zu tun ~ 87; bei seiner Ansicht (Meinung) ~ 29; Die Tatsache bleibt bestehen, [dass] 63

Boden: an ~ gewinnen 49; an ~ verlieren 49

brauchen: den Vergleich mit etwas nicht zu scheuen ~ 61

bringen: das Problem des (der) … zur Sprache ~ 15; hohe Kosten (harte Arbeit, große Schwierigkeiten, usw.) mit sich ~ 51

C

Chance: jds. Chancen [etwas zu tun] sind gering 71

D

dagegen: (= hingegen) 77

dämmern: es dämmerte mir (ihm, ihr, usw.), dass … 107

daran: das Gute (Schlechte, Interessante, Beunruhigende, usw.) ~ ist, dass … 63

darüber hinaus: 95

Dauer: auf die ~ 105

denken: so (ebenso) ~ 65; Wenn man einige Leute so reden hört, könnte man ~, dass … 73

dennoch: 99

Detail: ins Detail gehen 103

Ding: die Dinge einmal beim Namen nennen 95; bei politischen (wirtschaftlichen, kulturellen, usw.) Dingen 103

128 *Register der deutschen Übersetzungen*

Diskussion: in der ~ sein 47; eine ~ anfangen über etwas 15; sich auf eine ~ einlassen über etwas 15

dringen auf etwas: 113

durchmachen: eine Veränderung ~ 65

durchsickern: (= von Nachrichten usw.) 109

E

ebenso denken: 65

egal: Es ist mir ganz ~, was (wo, wann, usw.) 25; ~ wie (wo, wann, usw.) 35; ~ (ganz gleich / ungeachtet) 59

ehrlich gesagt: 23

eigentlich: 81

Einblick: etwas gibt einem einen ~ in die Mentalität von jdm. 49

Eindruck: den ~ haben, dass … 23; keinen ~ machen auf jdn. 97; den ~ eines (einer) … machen 71; den ~ gewinnen, dass … 41

einerseits …; andererseits: 77

einfach: um es ganz ~ zu sagen 87; ~ gesagt 87; etwas ~ so abtun 27

Einfluss: einen großen ~ ausüben auf jdn. 101

eingehen: Dieses Risiko werden wir [schon] ~ müssen 73

Einklang: im ~ stehen mit etwas 45

einlassen: jdn. wissen lassen, worauf er sich einlässt 109

einlegen: ein gutes Wort für jdn. (etwas) ~ 113

einsetzen: sich für etwas ~ 91

Einstellung: eine ~ gegenüber etwas 21

eintreten für etwas: 91

Einwand: einen ~ erheben 17

Einzelheit: in die Einzelheiten gehen 103; auf Einzelheiten eingehen 103

einzeln: ins Einzelne gehen 103

Eis: etwas auf ~ legen (= aufschieben) 87

Elefant: aus einer Mücke einen Elefanten machen 35

enden mit etwas: 59

entscheiden: Das muss ich (musst du, muss er, usw.) ~ 39

entscheidend: der entscheidende Punkt ist [der], dass … 65

entsinnen: wenn ich mich recht entsinne 41

entsprechen: einer Sache ~ 45, 47

entsprechend: 113

Erfahrung: nach meinen Erfahrungen 25; es fehlt jdm. an der [notwendigen] ~, etwas zu tun 55

erfordern: es erfordert jdn., etwas zu tun 55

ergeben: sich aus etwas ~ 59

ergreifen: die Gelegenheit ~, etwas zu tun 117; Maßnahmen ~ 117

erkennen: etwas ist daran zu ~, dass … 95

erkunden; jds. Meinung ~ [über jdn./etwas] 115

erörtert werden: 47

erregen: Interesse (Neugier, Mitgefühl, Argwohn/Verdacht) ~ 91

erreichbar: für jdn. ~ sein 55

erreichen: einen Höhepunkt ~ 37

Register der deutschen Übersetzungen   129

ersehen: etwas ist daraus zu ~,
  dass … 95
erstens: 19
Erwägung: etwas in ~ ziehen
  115; in ~ ziehen, dass … 117
erwarten: wie zu ~ war 83
erweisen: sich ~ als 57
etwa: (vor Zahlenangaben) 105;
  es sieht ~ so aus 17

F

Fachgebiet: in jds. ~ fallen 47
Fall; wie es oft der ~ ist 45;
  in diesem [speziellen] ~ 105;
  Der ~ liegt so: … 19
fallen: in jds. Fachgebiet ~ 47
fassen: seine Gefühle (Gedanken, usw.) in Worte ~ 67
Fehler: den ~ machen (begehen), etwas zu tun 111
Feld: jdm. das ~ überlassen 109
ferner: 95
finden: etwas fair (gut, schlecht,
  usw.) ~ 23
Folge: die ~ sein von etwas 59
folgendermaßen: Es sieht etwa ~
  aus: … 17
Folgendes: 63
fordern: etwas energisch (nachdrücklich) ~ 113
Frage: nun zur nächsten ~ 17;
  eine ~ taucht auf (erhebt sich)
  17; jds. Werte (Wertvorstellungen) in ~ stellen 113; eine
  ~ ansprechen (zur Sprache
  bringen) 19; Das kommt nicht
  in ~ 39; eine ~ [ziemlich] ausführlich behandeln 19
frei: ~ seine Meinung äußern 27
führen: ~ zu etwas 49, 109; jdn.
  dazu ~, etwas zu tun 109

für: [als Gegenleistung] ~ 105;
  Für und Wider 77

G

ganz: ~ und gar nicht 33; ~ gleich
  wie (wo, wann, usw.) 35; im
  Großen und Ganzen (im Ganzen gesehen) 43; ~ gleich
  (egal/ungeachtet) 59
geben: ein [gutes] Beispiel ~ 61
Gebiet: auf einem ~ 103
Gegenleistung: [als ~] für 105
Gegensatz: im ~ zu 75, 75, 77
Gegenteil: im ~ 77; Ganz im ~
  79
gegenteilig: gegenteilige Beteuerungen (Aussagen/Erklärun-
  gen/Behauptungen, usw.) 79
gehen: Ich würde [sogar] so weit
  ~ zu sagen, dass … 41; den
  Weg des geringsten Widerstandes ~ 39; ~ um etwas
  (Wenn es darum geht, etwas
  zu tun, …) 67
gehören: nicht zur Sache ~ 69
Gelegenheit: die ~ ergreifen
  (wahrnehmen), etwas zu tun
  117
gelten: für jdn. (etwas) ~ 45
gemeinsam: etwas ~ haben 103
gesehen: allgemein gesehen 49;
  politisch (medizinisch, usw.) ~
  101; im Ganzen ~ 43
Gesellschaft: Du befindest dich
  (Sie befinden sich) in guter ~
  67
gesetzt den Fall: 115
Gewinn: ~ ziehen aus etwas
  57
gewinnen: an Boden ~ 49; den
  Eindruck ~, dass … 41

130   *Register der deutschen Übersetzungen*

glauben: Du kannst (Sie können) es mir ~ 39
gleich: Es ist mir ganz ~, was (wo, wann, usw.) 25
gleichen: sich ~ in etwas 103
gliedern: sich ~ in etwas 15
Grad: bis zu einem gewissen Grade 43
Grenze: die (eine) ~ ziehen 99
Grenzfall: 95
groß: im Großen und Ganzen 43; größer sein als etwas *(bildlich)* 57
Grund: im Grunde genommen 81; aus irgendeinem ~ 101; einer Sache auf den ~ gehen 101
gut: das Gute daran (an der Sache) ist, dass … 63

H

halb: halbe Sachen machen 99; jdm. auf halbem Wege entgegenkommen *(bildlich)* 111
halten: ich weiß nicht, was ich davon (von dieser Einstellung, Reaktion, usw.) ~ soll 23; ~ zu jdm. 61
Hauptpunkte: die ~ eines Artikels 89
heiß: Das ist [nur] ein Tropfen auf den heißen Stein 73
heißen: …, wie es heißt 45
herausstellen: sich ~ als 57
herumreden: um die Sache ~ 95
herunterspielen: etwas ~ 57
hinauslaufen: [letzten Endes] ~ auf etwas 69, 85
Hinblick: in ~ auf 117
hineindeuten: ~ in etwas 59
hineininterpretieren: ~ in etwas 59

hineinlesen: ~ in etwas 59
hingegen: 77
Hinsicht: in gewisser ~ 43; in dieser ~ 107
hinsichtlich: 117
hinweggehen: über etwas kann nicht einfach so hinweggegangen werden 71
hinweisen: darauf ~, dass … 37
hochspielen: etwas ~ 57
Höhepunkt: einen ~ erreichen 37

I

ich für meinen Teil: 23
ich persönlich: 27
immer: ~ schwerer werden, etwas zu tun 47; ~ schlechter werden 49
implizieren: etwas ~ 103
inkonsequent: ~ sein, wenn jd. etwas tut 47
interessant: umso interessanter sein, als 31
Interesse: ~ erregen 91
irren: sich [sehr/gewaltig] ~, wenn jd. sagt, dass … 69; wenn ich mich nicht irre 41

J

je nachdem: 93
jeder dritte (vierte, fünfte, usw.) Mensch: 55
jetzt: bis ~ 113
jeweilig: 113

K

keineswegs: 33 (2)
Kernpunkt: Der ~ ist [der], dass ... 65
Kind: das ~ einmal beim Namen nennen 95
klären: eine Position (einen Standpunkt) ~ 97
klarmachen: jdm. etwas ~ 95; jdm. muss etwas klargemacht werden 111
klarstellen: eine Position (einen Standpunkt) ~ 97
klar werden: es wurde mir (ihm, ihr, usw.) klar, dass ... 107
klipp und klar: ~ sagen, dass ... 27
Kluft: eine tiefe ~ zwischen etwas 39
klug: Ich werde nicht daraus ~, was der Autor meint (sagen will) 23
Kollisionskurs: auf ~ mit jdm. sein 31
kommen: zur Sache ~ 97; Das kommt nicht in Frage 39
Kommentar: etwas sollte nicht ohne ~ hingenommen werden 19
kommentarlos: etwas sollte nicht ~ hingenommen werden 19
Kontakt: den ~ verlieren mit (zu) jdm. 55
Kontrolle: außer ~ geraten 101
Kopf: den Nagel auf den ~ treffen 33
Kraft: in ~ treten 49
kurz gesagt: 87
kurzum: 85, 87, 89

L

Lage: in der ~ sein, etwas zu tun 95
Lauf: im Laufe der Zeit 105
legen: großen Wert ~ auf etwas 27
leisten: jd. kann es sich nicht ~, etwas zu tun 47
Leute: Wenn man einige ~ so reden hört, könnte man denken, dass ... 73
Licht: ans ~ kommen 97
liegen: Der Fall liegt so: ... 19; der Schlüssel zu etwas liegt in etwas 65
lohnen: sich ~, darauf hinzuweisen 31

M

Maßnahme: Maßnahmen ergreifen 117
meinen: ~ mit etwas 111
Meinung: der gleichen ~ sein wie jd. 21; geteilter ~ sein in etwas 21; [völlig / ganz und gar] jds. ~ sein 21; der ~ sein, dass ... 21; meiner ~ nach (nach meiner ~) 25; eine ~ teilen 27; offen seine ~ sagen (frei seine ~ äußern) 27; jds. ~ sondieren (erkunden) [über jdn./etwas] 115; auf seiner ~ beharren 29; bei seiner ~ bleiben 29
Mentalität: etwas gibt einem einen Einblick in die ~ von jdm. 49
merkwürdigerweise: 71
Mitspracherecht: ein ~ haben bei etwas 49

Möglichkeit: die ~ ausschließen, dass ... 73

Mücke: aus einer ~ einen Elefanten machen 35

Mühe: große (einige/keine) ~ haben, etwas zu tun 51

Münze: etwas für bare ~ nehmen (= etwas als Tatsache betrachten) 63

N

nach: (= zufolge) 91

Nagel: den ~ auf den Kopf treffen 33

Natur: Es liegt in der ~ der Dinge, dass ... 53

natürlich: 83

nebenbei bemerkt: 81

Nebenwirkung: [schädliche, gefährliche, usw.] Nebenwirkungen haben 51

nehmen: etwas für bare Münze ~ (= etwas als Tatsache betrachten) 63; Nehmen wir (Nehmen Sie / Nimm) einmal als Beispiel jdn. (etwas) 37; Dieses Risiko werden wir [schon] auf uns ~ müssen 73

noch zu tun bleiben: 87

normalerweise: 41

O

oberflächlich: ~ arbeiten 99

offen: einmal ganz ~ reden 95; ~ gestanden (gesagt) 23; ~ seine Meinung sagen 27

P

persönlich: ich ~ 27

Position: eine ~ klären (klarstellen) 97

praktisch: (= in der Praxis) 77

Praxis: in der ~ 77; etwas in die ~ umsetzen 113

Problem: sich eines Problems bewusst (nicht bewusst) sein 93; ein ~ als geringfügig (belanglos) betrachten 73; ein ~ taucht auf (erhebt sich) 17; ein ~ ansprechen (zur Sprache bringen) 19; ein ~ anpacken (angehen) 115; ein ~ [ziemlich] ausführlich behandeln 19

profitieren: von etwas ~ 57

Punkt: Der entscheidende (springende) Punkt ist [der], dass ... 65

R

rechnen: mit etwas ~ 115

Recht haben: [ganz/durchaus/völlig] ~, wenn jd. sagt, dass ... 69

reden: Wenn man einige Leute so ~ hört, könnte man denken, dass ... 73

Regel: in der ~ 41; eine Ausnahme von der ~ sein 93

reichen: ~ von ... bis zu *(bildlich)* 59

resultieren: aus etwas ~ 59

Risiko: Dieses ~ werden wir [schon] eingehen (auf uns nehmen) müssen 73

riskieren: Das werden wir [schon] ~ müssen 73

Register der deutschen Übersetzungen 133

Rolle: eine große (wichtige) ~
spielen bei etwas 57
rot: wie ein rotes Tuch 35
Rückblick: im ~ 105
rückblickend: 105
Rückgang: zu einem ~ von etwas
führen 109
Rückschau: in der ~ 105
rückschauend: 105
Rücksicht: keine ~ nehmen auf
jds. Gefühle 103

S

Sache: an der ~ vorbeigehen
(nicht zur ~ gehören) 69; zur ~
kommen 97; bei der ~ bleiben
107; an der ~ vorbeigehen 55;
Die ~ ist die: … 19; das Gute
(Schlechte, Interessante,
Beunruhigende, usw.) an der
~ ist, dass … 63; Jede ~ hat
[ihre] zwei Seiten 79
sagen: wie man sagt 45; wie soll
ich ~? 81; um es ganz einfach
zu ~ 87; offen seine Meinung
~ 27
Schatten: etwas in den ~ stellen
(= übertreffen) 37
Scherz beiseite: 81
scheuen: den Vergleich mit etwas nicht zu ~ brauchen 61
schlau: Ich werde nicht daraus ~,
was der Autor meint (sagen
will) 23
schlechter: immer ~ werden 49
Schluss: einen ~ ziehen [aus et-
was] 99; zum ~ 85; voreilig
(übereilt) den ~ ziehen, dass
… 107
Schlüssel: der ~ zu etwas liegt in
etwas 65

Schlussfolgerung: eine ~ ziehen
[aus etwas] 99
Schritt: einen ~ weiter gehen 17
schwanken: (= sich bewegen) ~
zwischen … und … 65
schwer fallen: jdm. sehr (etwas/
nicht) ~, etwas zu tun 51
Schwierigkeit: sich einer ~ bewusst (nicht bewusst) sein 93;
eine ~ als geringfügig (belanglos) betrachten 73; eine ~
überwinden 113
sehen: etwas sieht man [an et-
was] 61
Seite: auf der ~ jds. stehen 61;
Jede Sache hat [ihre] zwei Seiten 79
Selbstzweck: 91
seltsamerweise: 71
Sicherheit: Man kann mit ~ sagen, dass … 53
Sicht: aus politischer (medizinischer, usw.) ~ 101
Sinn: in gewissem Sinne 43; ~
geben (ergeben) 55; Es hat
keinen ~, etwas zu tun 29
sinnlos: es ist ~, etwas zu tun 53
Situation: mit einer ~ fertig werden (eine ~ meistern) 97, 115
skizzieren: etwas ~ 17
so: ~ oder ~ 75; ~ gut (schlecht,
schnell, usw.) jd. etwas auch
macht 33; ~ um die (= etwa,
vor Zahlenangaben) 105; Es
sieht etwa ~ aus 17; ~ denken
65; ~ viel zu … 87
sondieren: jds. Meinung ~ [über
jdn./etwas] 115
soviel: ~ ich weiß 41
sozusagen: 43
Spaß beiseite: 81
spezialisieren: sich ~ auf etwas
61

134   *Register der deutschen Übersetzungen*

Spezialist: ~ sein für etwas 61

Spiel: auf dem ~ stehen 31

spielen: eine große (wichtige) Rolle ~ bei etwas 57

Spielraum: jdm. wird ein großer (ein gewisser) ~ bei etwas gewährt (zugebilligt) 53

Sprache: das Problem des (der) … zur ~ bringen 15; ein Problem (eine Frage) zur ~ bringen 19

springend: Der springende Punkt ist [der], dass … 65

Standpunkt: einen ~ klären (klarstellen) 97

stehen: auf dem Spiel ~ 31; auf der Seite (aufseiten) jds. ~ 61

Stein: Das ist [nur] ein Tropfen auf den heißen ~ 73

Stelle: Ich an deiner ~ würde etwas tun 25

stichhaltig: ~ sein 71

stützen: eine Behauptung auf irgendwelches Beweismaterial ~ 93

T

Tat: etwas in die ~ umsetzen 113

Tatsache: auf Tatsachen beruhen (basieren) 93; sich der ~ bewusst werden, dass … 95; es ist eine allgemein anerkannte ~, dass … 53; sich die ~ zunutze machen, dass … 115; die ~ bleibt bestehen, dass … 63; ~ ist, dass … 63

Teil: ich für meinen ~ 23

teilnehmen: an etwas ~ 117

Thema: nicht vom ~ abweichen 107

theoretisch: (= in der Theorie) 77

Theorie: in der ~ 77

Tropfen: Das ist [nur] ein ~ auf den heißen Stein 73

trotzdem: 99

Tuch: wie ein rotes ~ 35

tun: noch zu ~ bleiben 87

U

Überblick: einen allgemeinen ~ geben über etwas 17

übereilt: ~ den Schluss ziehen, dass … 107

übereinstimmen: mit etwas ~ 47

überlassen: jdm. das Feld ~ 109

überlegen: gut überlegt werden müssen 81

überschätzen: etwas (jdn.) ~ 73

überwinden: eine Schwierigkeit ~ 113

überzeugt: davon ~ sein, dass … 21

übrig: sehr zu wünschen ~ lassen 35

übrigens: 81

umso: ~ interessanter sein, als 31

umgekehrt: 79; das umgekehrte Verfahren 117

umreißen: etwas kurz ~ 17

umsetzen: etwas in die Praxis (Tat) ~ 113

unabhängig: ~ davon, wessen Partei man ergreift (auf wessen Seite man steht) 33

unbeachtet: bisher (bislang / bis jetzt) [praktisch] ~ geblieben sein 51

ungeachtet: 59

unmissverständlich: ~ feststellen, dass … 27

Register der deutschen Übersetzungen   135

unternehmen: etwas gegen jdn. ~ 115

unterschätzen: etwas (jdn.) ~ 73

unvereinbar: mit etwas ~ sein 75

unversucht: nichts ~ lassen, um etwas zu tun 35

urteilen: nach … zu ~ 71

V

Veränderung: eine ~ durchmachen 65

veranlassen: jdn. dazu ~, etwas zu tun 109

verbunden: mit hohen Kosten (harter Arbeit, großen Schwierigkeiten, usw.) ~ sein 51

Verfahren: das umgekehrte ~ 117

Vergangenheit: Das alles gehört der ~ an 45

Vergleich: im ~ dazu 75; im ~ zu 75; den ~ mit etwas nicht zu scheuen brauchen 61

vergleichsweise: 75

verlieren: an Boden ~ 49; das Wesentliche aus den Augen ~ 55

Vermutung: Darüber kann man nur Vermutungen anstellen 63

verschieden: von einem Ort (Land, Dorf, usw.) zum anderen ~ sein 79; von Ort (Land, Dorf, usw.) zu Ort (Land, Dorf, usw.) ~ sein 79

verständlicherweise: 83

verstehen: Ich verstehe nicht, was der Autor meint (sagen will) 23; Es versteht sich von selbst, dass … 53; Das versteht sich von selbst 53; ~ unter etwas 111

vertreten: diese (die gleiche) Ansicht ~ 65

vor allem: 31

vorausgesetzt, dass: 111

voraussetzen: etwas ~ 57; ~, dass … 57

vorbeigehen: an der Sache ~ 55, 69

vorbringen: ein Argument ~ 19

voreilig: ~ den Schluss ziehen, dass … 107

voreingenommen: ~ sein gegenüber jdm. 21

vorgehen: gegen jdn. ~ 115

vorhersagen: Das kann niemand [genau] ~ 63

vorhersehen: Das kann niemand [genau] ~ 63

vorkommen: wie es oft vorkommt 45

Vorteil: Vorteile und Nachteile 77

W

Wahl: keine andere ~ haben, als etwas zu tun 51

Wahrheit: um die ~ zu sagen 23

wahrnehmen: die Gelegenheit ~, etwas zu tun 117

wahrscheinlich: jd. (etwas) wird ~ [nicht] etwas tun (sein) 25

Wahrscheinlichkeit: bei jdm. ist die ~, dass er etwas tut, dreimal so groß wie 35

Weg: jdm. auf halbem Wege entgegenkommen (bildlich) 111; den ~ des geringsten Widerstandes gehen 39

Weise: auf diese ~ 107

weit: ~ gefehlt 33; Ich würde [so-

136   Register der deutschen Übersetzungen

gar] so ~ gehen zu sagen, dass
... 41

weitgehend: 43

wenn: ~ du einmal [richtig / in
Ruhe] darüber nachdenkst, ...
71; ~ ich du wäre, würde ich
etwas tun 25

Wert: jds. Werte (Wertvorstellungen) in Frage stellen (in
Zweifel ziehen / anzweifeln)
113; großen ~ legen auf etwas
27

Wertvorstellungen: jds. ~ in Frage stellen (in Zweifel ziehen /
anzweifeln) 113

wesentlich: das Wesentliche aus
den Augen verlieren 55; das
Wesentliche eines Artikels 89

wichtig: [und] was noch wichtiger ist, ... 31

widerlegen: eine Behauptung ~
99

Widerspruch: im ~ stehen zu etwas 75

Widerstand: den Weg des geringsten Widerstandes gehen
39

wie: ~ dem auch sei 81; ~ es
heißt 45; ~ man sagt 45; ~ soll
ich sagen? 81; ~ (wo, wann,
usw.) ... auch [immer] 35; ~ zu
erwarten war 83

wiegen: schwerer ~ als etwas 57

wissen: soviel ich weiß 41; Man
kann nie ~ 73

Wort: mit einem ~ 85, 89; mit
anderen Worten 85; ein gutes
~ einlegen für jdn. (etwas)
113; seine Gefühle (Gedanken, usw.) in Worte fassen 67

Wunschdenken: 67

wünschen: sehr zu ~ übrig lassen
35

Z

zeigen: etwas zeigt sich [an et-
was] 61

Zeit: im Laufe der ~ 105; Es ist
[höchste] ~, dass jd. etwas tut
(dass etwas getan wird) 25

ziehen: etwas in Betracht (Erwägung) ~ 115; [Selbst] wenn
man alles das in Betracht
zieht, ...73; bei jdm. nicht ~ 97

zuerst: ~ [einmal] ein Wort (eine
Bemerkung) zu 17

zufolge: 91

zugeben: Ich muss ~, dass ... 23

zugrunde liegen: die zugrunde
liegende Idee 65

zum einen ..., [und] zum anderen: 75

zunächst einmal: 19

Zunahme: zu einer ~ von etwas
führen 109

zunehmen: ~ (= immer mehr geben) 47; um etwas ~ 51

zunutze machen: sich die Tatsache ~, dass ... 115

zurückführen: [im Wesentlichen]
zurückzuführen sein auf 47

zurückkommen: auf etwas ~
(bildlich) 19

zusammenfassend: ~ kann man
sagen, dass ... 89

zwar ..., aber: 43

Zweck: zu diesem ~ 101; es hat
keinen ~, etwas zu tun 29, 53

Zweifel: jds. Werte (Wertvorstellungen) in ~ ziehen 113; Es
besteht kein ~ daran, dass ...
65

zwingen: jdn. ~, etwas zu tun
101